JN042600

よくわかる思考実験

高坂庵行

イースト新書Q
Q067

はじめに

世の中は多くの疑問や矛盾であふれている。本書を手に取ったということは、きっと皆さんもそのように感じているということなのだろう。

これは何も今に始まったことではない。はるか昔、紀元前から変わりはないのだ。人間には思考力がある。その度に難問に立ち向かい、解き明かし、そしてまた更なる疑問を生み出してきた。

本書では数々の思考実験を取りあつかっている。実験と聞くと、白衣を着てフラスコを片手に、などという姿を想像してしまうものだが、疑問の提起や問題解決を全て頭の中で行う実験を思考実験と呼ぶ。

その中には、回答を導き出すのが困難、というより不可能である問題も少なくない。例えばこんな話はどうだろう。

今あなたは難問に取りかかっている最中だ。頭を抱え、悩み、もがき苦しむ様を見て先輩が一言。

「悩むなんて時間の無駄だから、先に手を動かしなさい」

素直なあなたは、時間最優先で必死に手を動かす。すると今度は、

「もう少し考えて動け」

と叱られる。

この場合、何が正解なのだろうか。考えてもダメ。考えなくてもダメ。こういった矛盾やジレンマはパラドックスと呼ばれている。


思考実験の世界はパラドックスだらけだ。パラドックスのある先には思考実験があると言ってもいいくらいだ。

中には、「くだらない」「そんなのどっちでもいい」などと思える問題もあったりするだろう。だが、そうした問題にも人々が真摯に向き合ってきたからこそ今がある。

ところで、先ほどの例だが、思考実験の世界では大いに考え、悩めばよい。本書を読んで、様々な思考実験、パラドックスを体感していただければと思う次第である。

●目次

オリジナルって何だろう？

1 テセウスの船

ここに一艘《そう》の船がある。

その船は木造で、とある人物が精魂込めて作り上げ、長らく皆の交通手段として貢献してきた。しかし、年数が経過していき、やがて修復が必要となる。

周囲の人たちは、この船の作り手に敬意を払い、傷んだ部材のみを交換して船の形状を保つことに決めた。

年数の経過に応じて船の劣化はさらに進む。傷んでは直し、傷んでは直しを繰り返し、船のあるべき姿を保とうと懸命に励んだ。替わりに選ぶ部材も、できるだけ元の木材に近いものを選んでいった。

ある時、傷んだ部材が捨てられていないという事実が判明する。傷んだ部材を残し

ある時、傷んだ部材が捨てられていないという事実が判明する……。

ておいたのもまた、この船の作り手に敬意を払う人物。部材の細部にまでこだわり抜いた作り手の意思を尊重し、捨てられずにいたのだ。

船の修復が進むにつれ、この人物はふと気づいた。

「オリジナルパーツを集めれば、そのうち元の船が出来上がるのではないか」と。

こうして元あった部材は、年月を経て全て新しい部材へと置き換えられてしまっていた。一方で、元の部材のみを集めた船も完成した。

形は全く同一の、二艘の船。

果たしてどちらを「オリジナル」と呼ぶべきだろうか。

解説

この話は、ローマ帝国のギリシア人倫理学者、作家のプルタルコスの紹介したギリシアの伝説が元となっている。テセウスは、ミノタウロス退治などで知られる英雄だ。

一方は、船の形状を保ち、船としての機能もそのままであるが、部材が全て入れ替わったことに着目すると原形がないとも言える船。もう一方は、あくまでオリジナルの部材にこだわり、形もそのままではあるが、最終的に組み上げたのは別の人物。そして、もはや船としては役に立たない船。

船としての機能を優先すべきか、あくまでもともとの部材にこだわるべきか。造り手は、一体どちらを望むだろうか。

こんな例はどうだろう。

室町時代から続く建造物。今日まで数百年の年月が過ぎる間、経年劣化に加え、多くの災害にも見舞われてきた。そのたび、幾重にもおよぶ修復をしてきた。これをオリジナルの建立物とみなせるだろうか。金閣寺にいたっては、一度全焼している。それでも多くの人たちは、それをオリジナルとみなしてきた。

仏閣としての姿が、確かにそこにはある。

「京都には金閣寺がある」と認識できるのは、現存しているからこそではないだろうか。たとえ修復や再建があったとしても、レプリカなどと呼ばれることはない。つまり、「形態を保ってさえいればオリジナル」という考え方を、多くの人たちは持ち合わせているということになる。

有名な書道家が書いた書の場合はどうであろうか。

他の誰かがそっくりに書いたとしても、それをレプリカと呼ぶ人はあっても、オリジナルと呼ぶ人はまずいないであろう。つまり、元の作品と全く同様のものを、全て一から作り上げた場合はレプリカであり、オリジナルとはみなされないということだ。部分的に少しずつ直される場合には議論が必要になる。

例えばそれが先ほどの例のような書であれば、修復された時点で継《つ》ぎ接《は》ぎだらけとなるはずで、そもそも書と呼べるのかどうか怪しくなってくる。だが、作品が彫刻だったとすると、オリジナルと呼ぶ人もあれば、そうではないという人もいるだろう。修復した人物が最初に作り上げた人物であれば、いよいよ事態は複雑になる。争点となるのは、ものとしての価値をどこに置くかということだ。

書は、修復された時点で書ではなくなる可能性が高い。だが、彫刻品は、修復されても彫刻品と認められるかどうかによって答えは変わる。では、形状全体にだけ注目すればよいかと言うと、そうとも限らない。

こんな例も挙げてみたい。海底に沈んだ船があるとする。

船としての原形はほぼなく、何となく木材だけが残っている状態。ただし、それが確認された時点で世界最古の船だったとすれば、おそらくオリジナルと呼ぶ人が現れるに違いない。船としての機能は果たさなくとも、部材が残っていること自体が価値のあることだからだ。やはり、価値をどこに置くかが、オリジナルと呼ぶかどうかの判断基準になるということだ。

最初に挙げた仏閣の例に話を戻そう。修復を繰り返していた時点である人が気づいた。建立物の一部分に、製作者のサインが書かれていたのだ。このサインが書かれた部材がぼろぼろであった場合、修復してしまってもオリジナルと呼べるだろうか。このサインを見なかったことにするという回答はなしだ。大いに頭を悩ませよう。眠れなくなるくらいまでに。

2 スワンプマン

肉体がちがっても同じ人？

ある男が、森の中をさまよっていた。街を出てから、2～3日はいただろうか。手持ちの食料も尽き、行き倒れになるのも時間の問題であった。

そんな中、雨風も激しくなり、いよいよ最期の時が訪れようとしていた。走馬灯のように駆け巡る記憶。それは24年という短い生涯の記憶でもあった。

息も絶え絶え、何とか辿《たど》り着いた沼地で、彼は強い衝撃を覚えた。雨風だけではなく、落雷もまた一段と激しくなっていたのだ。

雷に打たれたせいか、あるいは栄養失調のせいか。彼は倒れ込むように沼地へと落ち、命を失った。

だが、それと同時に、姿形をそのままにその男が沼地から現れた。確かに彼は一度死んだ。だが、この沼地に眠っていた、彼と瓜《うり》二つの男と魂が入れ替わってしまったのだ。同時に、死んだ男の過去の記憶についても受け継いだようだ。

入れ替わりで現れたこの男を、スワンプマン（沼男）と呼ぶことにしよう。スワンプマンは森を出て、再び街へと戻った。スワンプマンは、死んだ男の代わりとして、何一つ不自由なことなく生活している。彼が実はスワンプマンであることなど、誰も疑いなどしていない。

スワンプマンを元の男と同一人物であると言えるだろうか。

だが、それと同時に、姿形をそのままにその男が沼地から現れた……。

解説

この話は、アメリカの哲学者ドナルド・デイビッドソンの思考実験が元となっている。デイビッドソンは、これを「自分自身の心を知ること」という論文で紹介しており、思考実験の世界では人間の同一性を問う題材として度々用いられる。

仮にこのスワンプマンが、死んでしまった男と全く同じＤＮＡを持っていたとしても、物理的には同一人物とは呼ぶことはできない。だが、確かに同じ肉体を持ち、記憶も受け継いでいる。外見も中身も全て死んだ男と一緒なのだ。

現に、実生活を送るうえで、支障となることは何もない。役場で戸籍謄本を取得することもできるし、空港職員に一切怪しまれることなく、海外旅行に出かけることもできるだろう。

死んだ男の両親に会い、小さな頃の思い出話に興じることもできる。だがしかし、その思い出話は、スワンプマン自身が体験したことではない。あくまで死んだ男の記憶を引き継ぎ、あたかも本人であるかのように話しているだけなのである。

死んだ男は、サッカーがうまかったとする。当然、スワンプマンも華麗なテクニックで見ている者を魅了することができるに違いない。だが、それはスワンプマンの努力や経験によってなし得たことだと言えるだろうか。

こう考えていくと、実際に経験したかどうかということが判断の分かれ道になりそうだ。では、こんな例はどうだろう。


ここに、アラン・マグレディという男がいる。品行方正で周囲の評判もよい好青年だ。だが、彼はアラン・マグレディであってアラン・マグレディではない。数年前まではデレク・ジョーンズという人間だったのだ。

デレク・ジョーンズは、幼少の頃に両親が離婚し、中学生になる頃には手のつけられない不良少年となっていた。窃盗・傷害・麻薬と、悪いと思われることには何でも手を染めた。

16歳になった頃、デレク・ジョーンズは逮捕された。窃盗目的で侵入した住居で、そこの住人と鉢合わせになり、一家5人を殺害してしまったのだ。

死刑にも相当する罪を犯したジョーンズだが、彼はまだ若い。警察は、このまま判決を待つか、特殊な麻酔薬によって過去の記憶を消し、架空の人物として生きていくかの選択肢を彼に与えた。ジョーンズは悩んだ末に後者を選択した。

彼にはアラン・マグレディという名前と、マグレディのものとされる記憶とが与えられ、これまで住んでいた場所から遠く離れたところに家も与えられた。

一度過去の記憶を消去したアラン・マグレディだが、過去に自分がデレク・ジョーンズであったということに最近気づき始めた。

一体どちらが本当の自分なのであろうか。

先ほどの例とは異なり、肉体はそのままに、別の人物としての記憶とアイデンティティが与えられたという例だ。ポール・バーホーベン監督の映画『トータル・リコール』も同様のテーマの作品である。

一度人生をリセットするという意味で、過去の記憶は消し去られた。人格も変わってしまっている。「2度目の人生」がスタートしてから間もないが、少なくとも最近までは、彼自身がアラン・マグレディであることを信じて疑わなかったはずだ。では、過去はどうなのだろう。

確かに彼には、アラン・マグレディとしての記憶が与えられたのだが、それはあくまで架空の記憶。実際の過去はと言うと、目を覆いたくなるような悪行ばかりだ。ただしそれは、デレク・ジョーンズとして、デレク・ジョーンズが行ったもの。スワンプマンの事例とは似て非なる設定であることを考慮しなくてはならない。

今はアラン・マグレディとしての肉体、アイデンティティが備わっていると考えて差し支えはないだろう。だが、同じ肉体でありながら、デレク・ジョーンズであった過去の彼。アイデンティティは一体どちらのものなのだろう。肉体に目を向けるか、精神に目を向けるかにより答えは異なる。そして、何の矛盾もなしにこの答えを導き出せる人などいるのだろうか。

この話の設定を、少し変えてみよう。

彼がデレク・ジョーンズとして逮捕されるまでは一緒。ただし、その時に何らかのアクシデントが起き、記憶喪失になってしまった。人格も全くの別人となり、実に礼儀正しい好青年となった。警察はもはや彼がデレク・ジョーンズではないと判断し、名前をアラン・マグレディと改名して釈放した。

肉体はそのままだが、過去の記憶はもはやない。

過去の彼は、一体誰なのであろうか。デレク・ジョーンズとしての記憶はもはやない。ただし、記憶喪失となってしまったため、アラン・マグレディとしての記憶もまた、ないのだ。

デレク・ジョーンズは死んではいない。アラン・マグレディと名前を変えて、なおも生き続けている。ただし、アイデンティティはと問われた場合、デレク・ジョーンズはもう死んでしまったとも言えるだろう。

肉体と精神は通常、別々に考えることは不可能だ。なぜなら、同時に存在するものだから。だが、これらの思考実験ではどうやっても別々に考えざるを得ない。そして、答えを1つに絞り込むのは不可能に近い。さて、あなたの答えは。

3 囚人のジレンマ

合理的な選択をするのは難しい

銀行強盗の容疑者として、２人が逮捕された。２人は双子。お互いの考えも行動も手に取るように分かるので、とにかく要領がよかった。表沙汰になっていない事件も含めれば、これまでの犯罪は数十件にもおよぶ。

そんな兄弟を、警察はずっとマークしていた。念願かなって逮捕と相なったわけだが、彼らがやったというこれといった証拠が、いくら探しても見つからない。強引な手口で自白を迫ったりもしたが、彼らもプロだ。一向に口を割る気配がない。

そんな様子を見かねた1人の取調官が動いた。兄に対して、「このまま2人とも黙秘を続けるのであれば、証拠不十分となる。２人の容疑は武器の不法所持で刑期は2年だ。だが、２人とも自白したら刑期は6年。お前だけが自白をすれば釈放してやる。ただし、黙秘を続けた相方の刑期は10年になる」と持ちかけたのだ。

		兄	
		黙秘	自白
弟	黙秘	2人とも2年	兄は釈放、弟は10年
	自白	弟は釈放、兄は10年	2人とも6年

「2人とも自白したら刑期は６年。お前だけが自白をすれば釈放してやる。ただし、黙秘を続けた相方の刑期は10年になる」

この取調官は、同じ相談を弟にもしていた。兄弟は今、別々に取り調べを受けており、お互い相談することはできない環境下にある。お互い考えそうなことはだいたい分かる兄弟。だが、2人とも苦悶《くもん》の表情を浮かべている。ここまで長年、名コンビとして信頼関係を築き上げてきたが、ここに来て「裏切る」という選択肢も大いにあり得るからだ。

果たして2人の選んだ選択肢は?

解説

これは、容疑者に自白か黙秘かを迫る「囚人のジレンマ」として知られる有名なパラドックスであり、アメリカの数学者アルバート・タッカーにより考案された思考実験だ。

この話を、兄の立場で考えて整理してみよう。

兄が「黙秘」を選択したとする。弟も「黙秘」を選択すれば、2人の刑期は2年。しかし、弟が「自白」を選択した場合、この兄の刑期は最大の10年となってしまう。

一方、兄が「自白」を選択した場合はどうだろう。弟が「自白」すれば刑期は6年。弟が「黙秘」すれば、何と刑に服することなく釈放される。

弟が「自白」か「黙秘」を選ぶ確率が、単純に二分の一であると考えた場合。兄が「黙秘」すれば、刑期が2年となる確率と10年となる確率が二分の一ということになるため、平均すると、刑期は6年となる。このような考え方から算出された数値を期待値と呼ぶ。逆に、兄が「自白」すれば、刑期は0年になる可能性と6年となる可能性があるため、刑期の期待値は3年となる。

こう考えると、期待値的には、兄にとっては「自白する」という選択肢が最も無難であると言える。ただし、これはあくまでも、弟が「自白」か「黙秘」かを選ぶ確率を二分の一とした場合の話。無論この確率が二分の一とは限らない。

兄が「自白」をし、弟が「黙秘」をすれば刑に服すことなく釈放されるので、兄が弟を裏切るという精神的な要素も加わるため、確率を算出するのは困難を極める。そんなこともあって、兄弟の悩みは深まっていく。

「合理的」な選択がどれなのか、というのは一筋縄ではいかない問題なのだ。

この問題は、何を重視するかによって正解が変わる。

兄弟の絆《きずな》に自信があるのであれば、刑期が短くなる可能性の高い「黙秘」を選ぶのが賢明な判断だ。兄弟仲より、何が何でも自分が捕まらない道を選びたいのであれば、ハイリスクを承知で「自白」に賭けるより他にない。

警察と囚人という設定ではピンとこなかったかもしれないが、実は我々の日常生活やビジネスでもこのようなシチュエーションに陥ることがある。


ビジネスの場合で例を挙げよう。

A社はB社に自社工場で生産した製品を納めている。いつものように生産していたが、ある時A社の工程で品質トラブルが発覚する。

今まで見たことのない類の品質トラブルで、もしかすると、黙っていれば最後まで問題にならずに済むかもしれない。だが、B社がそれに気づいた場合、せっかくつくった製品が納品ができないばかりか、信用まで失い、今後の取引停止という最悪の事態にも陥りかねない。そんな状況を想像してみてほしい。

では、A社がB社に、このトラブルを最初から正直に打ち明けた場合はどうなるだろうか。

運がよければ、不良品だが半額で買い取ってもらえる。逆に運が悪ければ買い取ってもらえないかもしれない。

だが、正直に打ち明けてくれたということで、いずれの場合も今後も継続して取引をしてくれるだろう。

さて、このジレンマを囚人の例に置き換えて話を整理してみよう。

A社からB社に「黙って出荷」が「黙秘」に相当、A社からB社に「アナウンス付きで出荷」が「自白」に相当する。

「黙って出荷」の場合、バレなければノートラブルだが、バレた場合は大きく信用を失ってしまう。ハイリスクハイリターンな選択肢だ。

一方、「アナウンス付きで出荷」の場合、何らかのリスクは必ず伴うが、信用を失って今後の取引がなくなるという最悪の事態は免れる。

加えて、不具合が発覚する確率、この不具合によって想定されるトラブルの度合い、A社の一般企業としてのコンプライアンスなどといったファクターが入り混じるため、判断は容易ではない。

おなじみのイソップ寓話《ぐうわ》「金の斧《おの》」も、ある種この囚人のジレンマと似たような例だ。読者の皆さんは、もう答えは知っているだろうから、なかなかピンとは来ないかもしれない。しかし、商売道具の斧を落としたきこりにとって、なかなか難しい選択だったに違いない。

自分の使用していた鉄の斧を落としたきこり。斧を失い呆然《ぼうぜん》としていると、落とした川から女神が現れる。女神はこのきこりに対して、

「あなたの落としたのはこの金の斧ですか？」

と尋ねる。

この時、木こりの頭には正直に「鉄の斧を落とした」と答えるか、「金の斧を落とした」と嘘をつくのか、2つの選択肢が浮かぶ。ただしこの寓話の場合は、正直に答えた場合はローリスクハイリターン、嘘をついた場合はハイリスクローリターンと、自分一人の選択だけが未来を左右するという点が、囚人のジレンマとは異なるのだが。

人を信用するか欺くか、また自分自身を信用するか欺くか。全てはそこに集約されるのかもしれない。

4 張り紙禁止の張り紙

禁止を叫ぶことが禁止行為になる矛盾

私は36歳男性。そして独身。私の実績は、控えめに言っても実に輝かしい。

祖父は地主で、昔から今まで働くことなく生活を送っている。

父もその後を継ぐ予定であったが、いかんせん田舎暮らしが性に合わなかったようで、大学入学と同時に上京し、都内の国立大に入った。その後主席で卒業し、今では大企業の専務になっている。

私はと言うと、幼い頃から英才教育を受けたおかげで、父のあとを追うように同じ大学へ入学。その後、都議会議員を経て、33歳の若さで参議院議員選挙で当選した。

幼い頃から、何一つ不自由しなかった。

そんな私をやっかむ人もやはりいて、家の外壁にはいつもイタズラの張り紙が貼られている。

「税金ドロボー」「詐欺師」「バカ息子」などと書かれるのは日常茶飯事。いちいち気にしている素振りを見せたら、世間からの好感度が下がる一方だ。なので、内心穏やかでなくとも、無視を決め込むようにしている。


そんなある日。

「私の母はあなたに殺された」という物騒な言葉が書きこまれた。もはやイタズラの域を超えた文言には、さすがに無反応ではいられない。近所の主婦が、虫を見るような目つきで自分を見ているのが嫌でも分かる。

でも、誰が犯人かなど分かりやしない。なので、「張り紙禁止」という張り紙を貼り出した。すると、「張り紙禁止という張り紙も禁止ｗｗｗ」という新たな張り紙が。

その日を境に、張り紙は増えていく一方だ。今年は参議院議員半数改選の年。当選できる気が、まるでしない。

家の外壁にはいつもイタズラの張り紙がはられている……。

解説

小学生の時など、こう声を張り上げる学級委員はいなかったであろうか。

「静かにしてください」

そんな真面目な学級委員に対し、「お前の方がうるさいじゃないか」などと茶々を入れるのは、もはやおなじみの光景だ。これを読んだ学級委員経験者は、悔しさと虚しさで胸を焦がした生徒時代を、苦々しい気持ちで思い出したことだろう。


この問題をもう一度振り返ってみよう。

自分の家に自分で張り紙をするのだから、何ら問題はないはずだ。だが、そんな意とは裏腹に、世間は禁止の対象に「自分」も含めてカウントしてしまう。

そう、発信者自身が含まれると思われる場合に、このパラドックスが生じてしまうのだ。

張り紙の代わりに、「落書き禁止」と壁に書いても同様だ。これも「落書きのパラドックス」として知られている。

これらのパラドックスはイギリスの哲学者、数学者であるバートランド・ラッセルによって指摘された。

ラッセルは、数学の集合における矛盾と、その解消法について触れたのだ。

それまで集合はと言うと、そもそも定義自体があいまいだった。自分自身をその集合体の中に含めるか含めないかの明確な線引きがなかったのだ。

ラッセルによるパラドックスの指摘以降、自分自身は集合体には含めないという体系が取られていき、この問題はそもそもパラドックスにはならないと認識されるようになっていった。

では、次の問題を考えてみよう。

とあるスイミングスクールがある。

これまでは、受講者を特にレベルで区分けすることなく、わけへだてなく泳ぎを教えていた。しかし、検定一級を取得できた者全員を、よりレベルの高いスクールへと送り込むことに決めた。

コーチが皆を呼び出し、一人一人に説明をした。

ここで問題に気づく。このスクールのコーチになるためには、一級の取得が必要なのである。つまり、「一級取得者を全員」別のスクールに移した場合、元のスクールにはコーチが不在となってしまうのだ。

この問題は、コーチを集合体に含めたがために起こったパラドックス。集合体を定義する時点でコーチを外せばパラドックスにはなり得ないということが分かるだろう。

では、次の例はどうだろう。

とあるプロ野球選手がいた。甲子園では準優勝投手。高校3年生の時にドラフト1位指名を受け、プロ野球の世界へと足を踏み入れた。

だがしかし、本人や周囲の期待とは裏腹に、2軍でも成果の出ない日々。プロ3年目に差しかかったキャンプ中に、コーチから打者転向を打診された。ピッチャーとしてプロ野球で成功したいという小学生からの夢を捨てるのには時間がかかったが、やがて彼はその提案を受け入れた。

悔しさをバネに人一倍努力した。

他の選手が合コンに行こうが何をしようが、誰よりもバットを振り続けた。その甲斐《かい》あってか少しずつ成績も上がり、5年目の半ばにようやく一軍登録されたのだ。

1軍デビューから3戦目。ついに初安打を記録した。しかも、試合を決定づけるタイムリーヒットだ。試合後のヒーローインタビューは、もちろん彼だ。目は涙で潤んでいる。

彼は声を震わせながら、「うれしすぎて言葉がありません」と言った。

感動的な名場面に思えるが、何か違和感を感じなかっただろうか。そう、「言葉がない」

という「言葉」を口にしているのだ。

この場合、集合をどのように考えればよいだろうか。「言葉がない」を「言葉」の集合に含めないと考えるか。いや、もはや「言葉がない」という言葉自体が、言葉として成立してしまっているような気もする。

この問題を解き明かすことができる人はいるだろうか。

5 クレタ島の住人

嘘つきが嘘をついたら、それは本当？

「クレタ島」にたどりついた僕に、住民はこう言った。

クレタ島の住人

解説

これは古代ギリシアの預言者エピメニデスによる発言だと言われている。エピメニデスもまたクレタ島の島民である。このエピソードのどこにパラドックスが含まれているだろうか。

まず、エピメニデスの発言が真実であった場合を考える。となると、「全てのクレタ島の島民は嘘つき」ということになる。エピメニデス自身は本当のことを言っているので、この発言には矛盾が生じる。

一方、この発言が嘘だとすると、「全てのクレタ島の島民は正直者」ということになる。エピメニデスは、これとは逆のことを言っているので、これもまた矛盾が生じる。

これも「張り紙禁止の張り紙」で述べたラッセルのパラドックスの1つだ。自分自身を要素に含む場合に生じる矛盾である。

ただ、「嘘つき」と一口に言っても、前述のような解釈以外の解釈もあるのではないだろうか。少し場合分けをしてみよう。

まず、「嘘はつくが毎回嘘を言うわけではない」という場合。

エピメニデスの発言が真実だったとしても異論はない。なぜなら、エピメニデス自身も毎回嘘を言うわけでないのだから。クレタ島の島民もまた、嘘を言ったり真実を言ったりしても特に問題はない。だが、嘘つきと呼ばれるということは、かなりの確率で嘘を言うことには違いないだろうが。

この前提で、エピメニデスの発言が嘘だったとする。この場合、「クレタ島の島民は皆正直者だ」ということになる。嘘つきとは異なり、正直者と聞くとなぜか「一度も嘘をついたことがない」というイメージがつきまとう。となると、エピメニデス以外は正直者ということになり、この発言は矛盾してしまう。

そもそも、嘘つきとはどのような人のことを指す言葉なのだろうか。毎回嘘を言う人であれば正真正銘嘘つきなのだろうが、そんな人はいない。なぜなら、実生活を送る上で不便極まりないからだ。便宜上、この正真正銘の嘘つきを真嘘つきと呼ぶことにする。

例えば、この真嘘つきにも友達がいて、皆でお昼ご飯を食べようとなったとする。真嘘つきは、「みんなの分をコンビニで買ってくるね」と言って出かけた。だが彼は真嘘つき。コンビニへは行くが、自分の分しか買うつもりはないのだ。

そしていざコンビニへ。開口一番「唐揚げ100個ください」というこの発言も嘘。この発言が本当であろうが嘘であろうが、コンビニの店員がすぐにこの真嘘つきに唐揚げ100個など用意できるわけもない。あえなく店をあとにする真嘘つきであった。

などとなるに決まっており、もはや生活が成り立たなくなるのだ。だが、周囲の人が皆、彼が真嘘つきであることを知っている場合はどうだろう。もう一度同じようなストーリーで考えてみることにする。

真嘘つきも含めた友人たちは、お昼ご飯が食べたくなった。友人は「お昼買ってこないで」と真嘘つきに伝え、彼は「分かった」と答えた。この答えは嘘なので、真嘘つきは「お昼を買いに出かけます」と言っているということになる。

コンビニへ行き、唐揚げ１００個を頼む真嘘つき。でも、頼まれた店員も彼が真嘘つきであることを知っている。すかさず「唐揚げは3個でよろしいですか？」と尋ねる店員。真嘘つきは「いいえ」と答え、唐揚げを受けとった。

かなり面倒な付き合いにはなるが、最終的な質問をＹｅｓかＮｏで答えさせることができれば、彼の主張を汲《く》み取ることは可能だ。しかも毎回嘘をつくわけだから分かりやすい。もはや正真正銘の正直者であるかとも思えてしまう。

ところで、正真正銘の正直者など、本当に存在するのだろうか。

「私は嘘をついたことがない」と思われた方もいるかもしれないが、果たして本当にそう言い切ることができるだろうか。

誕生日を迎えて、家族からプレゼントをもらったが、それは自分が欲しいものではなかった。なのでプレゼントは受けとらず、別に感謝もしていないので「ありがとう」とも言わない。

甲子園に選手として出場したが、一回戦であえなく敗戦。周囲は泣きながら敗北を悔やんでいたが、自分は正直なところあまり悔しくない。それよりも早くシャワーを浴びて慰労会で焼肉が食べたい。甲子園の土を持ち帰ることもせず、笑顔で焼肉屋さんへと向かう。

得意先から電話があり、第一声が「いつもお世話になっております」であった。だが、きちんと話すのはこれが初めて。「たいして世話にもなっていないですよね？」と言い、即座に電話を切る。

こんなことをしている限り、良好な人間関係はまず構築できやしない。それどころか、誰にも相手をされず、生活すらままならなくなる可能性だってある。人間は皆どこかで自分に嘘をつきながら生活しているものなのではないだろうか。

ここでエピメニデスの話に戻る。

「全てのクレタ島の島民は嘘つきだ」というのが、実は「全てのクレタ島の島民は自分に嘘をついている」という意味であったとすれば……。
この問題はパラドックスではなくなるのかもしれない。

6 アキレスとカメ

追いつけるはずなのに追いつけない？

ここに、俊足で知られるアキレスという男がいる。

何と、100メートルを10秒で走り抜けると言う。オリンピックの金メダリストよりは遅いと思われるかもしれない。しかし、時は古代ギリシア。この時代としては驚異的だと言わざるを得ない。

そんなアキレスは皆から英雄視されていた。だが、それをよくは思わない者も中にはいた。ただのやっかみに過ぎないのだが、ある人物はアキレスに負けを、それも極めて屈辱的な方法での負けを与えたいと日夜考えていた。その考えの中に、自分が走るというアイディアはなかったのだが。

やがてその男はふと思いついた。カメでも彼に勝つことができると。もちろん走りで、だ。理屈はこうである。

アキレスは1秒で10メートル進む。このカメは1秒で1メートル進むとする。走る速度にはあまりにも差があるため、カメには100メートル分のハンディキャップを与える。

10秒後、アキレスは100メートル進んでカメに追いつこうとするが、この10秒間に、カメもまた10メートル進む。アキレスは走り続け、1秒で10メートルの差を埋めようと進む。

この1秒間に、カメはさらに1メートル進む。これの繰り返し。そう、アキレスが追いつこうと思っても、僅かな距離の差を、どうしても縮めることができないのだ。

ハンディキャップがあるとはいえ、鈍足で知られるカメに追いつけないアキレス。この男はその姿を思い浮かべて笑いが止まらないようだが、果たして本当にそうなのだろうか。

解説

紀元前4世紀における古代ギリシアの哲学者アリストテレス（前384〜前322）。彼は著作『自然学』の中で数々のパラドックスを紹介しているが、それらはもともと、紀元前5世紀の哲学者ゼノン（前490頃〜前430頃）の述べたものだ。「ゼノンのパラドックス」として知られている。

その中でも、ここで紹介した話の元となっている「アキレスとカメ」は広く知られた有名な話だ。

この問題を冷静に考えてみよう。

スタート時点におけるアキレスとカメとの差は100メートル。彼らの速度差は、10−1＝9（メートル／秒）。だから、1秒後の彼らの距離差は100−9＝91（メートル）となるはずである。

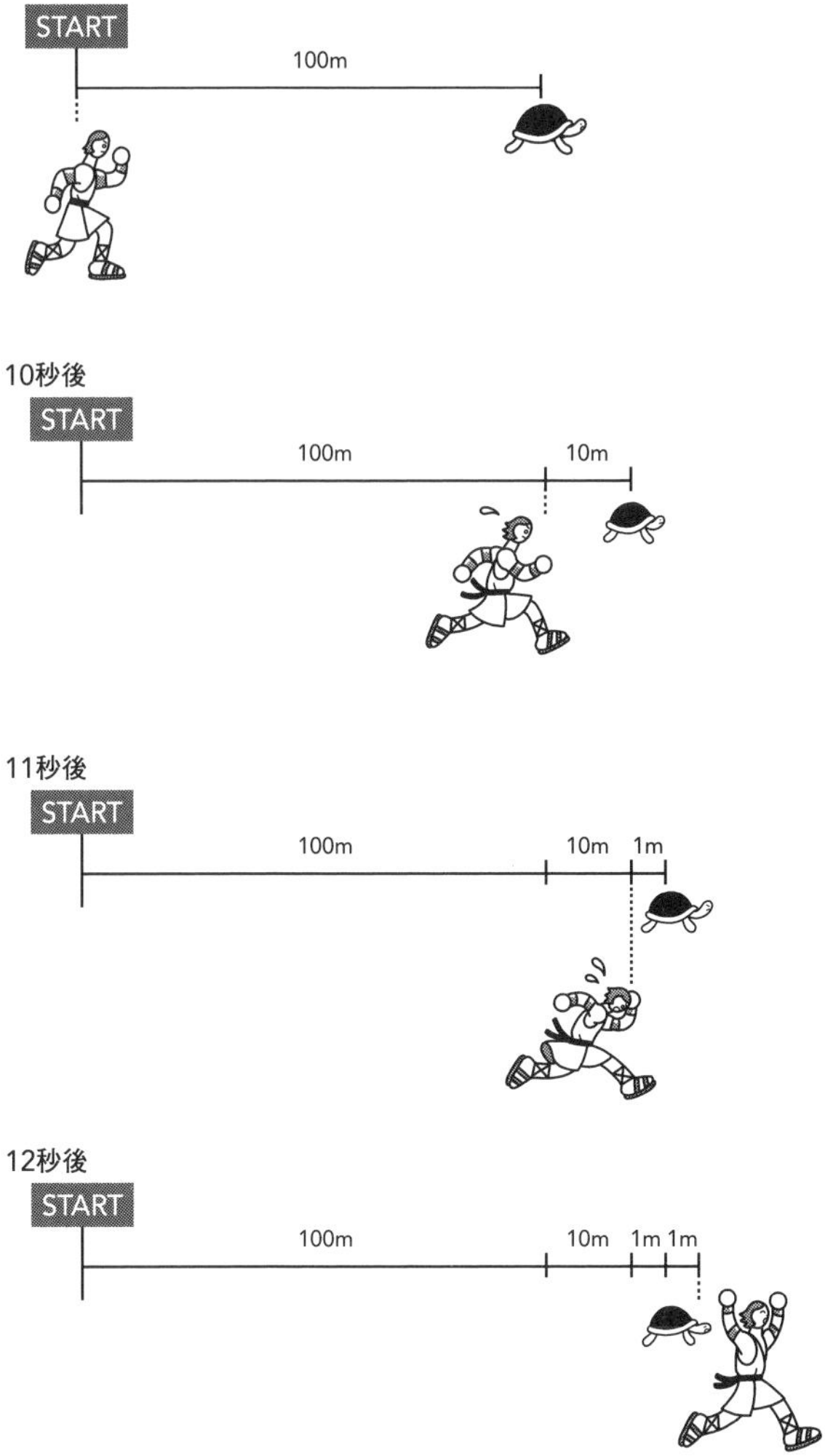
START
100m
10秒後
START
100m
10m
11秒後
START
100m
10m
1m
12秒後
START
100m
10m
1m
1m

アキレスとカメ

2秒経過後、さらにその差は縮まり91－9＝82（メートル）に。すなわち、アキレスがカメに追いつけるのは100÷9＝11・111…（秒）後ということになる。

話を再び古代ギリシアに戻す。話の中に出てきた男の主張を元に、実際に計算をしてみるとこうなる。

100メートルの差を埋めようとアキレスが走る時間は100÷10＝10（秒）。次に生じた10メートルの差を埋めようと走った時間は、10÷10＝1（秒）。つまり、これを繰返していくと、10＋1＋0・1＋…＝11・111…（秒）となる。

お気づきだろうか。最初の説明では11・111…（秒）で追いつくことができる、次の説明では11・111…（秒）経過しても追いつけないと言っているのである。これは、パラドックス以外の何物でもない。なぜこのようなことが起こるのだろうか。

ところで、ここまでの計算を分数で表してみよう。

最初の計算を直すと、100÷9＝100／9（秒）となる。小学生の時に教わった確かめ算を実施すると、100／9×9＝100となる。小数での結果についても同様に、確かめ算を行うと、11・1111…×9＝99・999…となる。同じ答えとなるべきなのに、合わないのだ。

これを理解するには、11・111…という数値が無限に続くのだという考えを捨てるより他にない。100／9＝11・111…という式のつじつまが合わなくなるからだ。

では、11・111…が無限に続かないのであれば、有限ということになるのだろうか。有限であるのであれば、小数何桁まで続けば終わるのだろうか。その答えについての説明はない。

似たような例を挙げてみよう。

ここに100平米という土地があったとする。とある有名な地主が所有する土地なのだが、どうしてもここを手に入れたいという野心家が現れた。

交渉の末、この野心家は半分である50平米もの土地を手に入れることができた。しかし野心家は、まだまだ野心を燃やしていた。再び土地の交渉をし、残った面積の半分、つまり25平米を手に入れた。なおも粘る野心家。地主の方も手放すのが惜しくなり、常に残った土地の半分を残すように交渉を進めた。

これを計算すると、地主に残る土地は100÷2÷2÷2…という計算となる。数学的な考え方としては、地主が持っている土地は必ず半分は残るわけだから、土地を手放すことは永遠にないと言える。

だが、現実的に考えてみて、いつかこの地主は全ての土地を手放したとみなされる時がくるだろう。

常に残った土地の半分を残すように交渉を進めた。

7 哲学的ゾンビ

どうして他人に心があると言えるのだろう

ここに、1人の転校生がいた。

彼の父は、突如として転勤を言い渡され、悩んだ挙句に一家全員で引っ越すことを決意した。

何気ない日常、何気ない日々。そんな言葉が似つかわしい少年なのだが、彼の置かれた環境は、転校前とは決定的に異なっていた。周囲にいる友人たちは皆、人間ではなくゾンビなのだ。

ゾンビと聞くと、映画で見るようなおどろおどろしい外見を想像してしまうが、そうではない。見た目は人間と何ら変わりがない。それどころか、言動など全てが人間と同じなのだ。

少年は、毎日ゾンビたちと一緒に授業を受け、一緒にご飯を食べ、一緒に遊ぶ。ちなみに、生徒だけではなく、担任の先生も皆、ゾンビだ。

とはいえ、ゾンビはゾンビ。

人間とちがって「主観的な内面」というものがない。

タンスの角に足の小指をぶつければ「痛い」と言い、苦悶《くもん》の表情を浮かべるが、実際には痛みを感じていない。

プレゼントをもらい、満面の笑みで

「うれしい！　欲しかったんだ、これ！」

とは言うが、それはただ機械的な動作としてこなしているだけなのだ。

ある時、転校前の友人たちが彼の元を訪れた。

訪れた友人たちは、少年がゾンビたちと一緒に生活を送っているという噂《うわさ》を聞きつけて来たのだった。

友人たちは
「ゾンビと生活しているなんて考えられない」

と彼に言った。すると少年は、

「なぜ？」

と聞き返した。

「僕の友人たちが皆ゾンビだということを、どうやったら証明できるの？」

友人たちは、一様に黙り込んでしまった。

「僕の友人たちが皆ゾンビだということを、どうやったら証明できるの？」

解説

この哲学的ゾンビというセンセーショナルなアイディアは、オーストラリアの哲学者デイビッド・J・チャーマーズによって考案された。

このゾンビたちには心がない。それでも、少年は何一つ不自由なく日常生活を送ることができている。

この少年が、転校前の友人たちに問うた「ゾンビをゾンビと証明する」手段はあるのだろうか。どれだけ調べようとも、心の有無を明らかにするのは、人間であれゾンビであれ、限りなく不可能に近い。

少年はゾンビたちとうまくコミュニケーションを取ることができている。ゾンビには心がないので、実際は心を通わせているわけではない。それでも、少年が違和感を感じることのないリアクションを取ることができているのだ。

心がないと人間とは言えない。実はこの定義自体も危うさを含んでいるかもしれない。ある友人同士の会話を例に見てみよう。

おしゃれなカフェに集まった2人。オーダーした品が来るまで、昨日見たドラマの話をしている。

「ストーリーはいまいちだけど、スピード感があって、ついつい見ちゃう」

「分かる分かる」

「俳優の演技もうまくて、引きこまれる」

「分かる分かる」

日常よく目にする光景であるが、この「分かる分かる」という返事も、当の本人が心の底からそう思っているかと言えば、そうとは限らない。惰性で相づちを打っているだけなのかもしれない。

こうした相づちは、チャーマーズが考案したゾンビたちとどこが異なると言えるだろうか。もちろん、心の底からこの話題に共感する子もいるかとは思うが、それを区別することなどできやしないのだ。

近代哲学の祖と呼ばれる哲学者ルネ・デカルトは「我思う、ゆえに我あり」という有名な言葉を残した。これは、「自分はなぜここにあるのか」を考えることが、自分が存在する証明であるという意味だ。

17世紀から今日まで、人類は「人間は意識を持つもの」という前提で哲学を議論してきたのだ。

だがしかし、チャーマーズの思考実験は、人間には心が必要だとは言えないのではと言う問題提起だと取ることもできる。であればこれは、近代哲学の大前提を根底から揺るがす、極めてセンシティブな問題であると言えよう。

物質としての脳の情報処理過程に付随する主観的な意識的体験とは、一体何なのか。チャーマーズはこの疑問を「意識のハードプロブレム」と名付けた。主観的な意識的体験を外部から観測できる方法はない。哲学、医学、物理学など、様々な角度から真剣にこの問題に向き合う必要があると言えるだろう。

アメリカの哲学者トマス・ネーゲルは、コウモリを例に挙げ、これとよく似た考察をしている。コウモリには人間のような言語がないこと、自身が発する超音波によって周囲を認識する（反響定位）ことは分かるようになって来た。

だが、こうした物理学、神経学による説明が完全であったとしても、これらの感覚経験を持たない人間がコウモリの世界を想像することはできない。つまり、人間はコウモリの心の内には入り込めないと言っているのだ。

人間は、自分以外の心の内を、正確に把握することはできない。どこからどう見ても人間だと思える人も、実は心の通っていないゾンビであるかもしれないのだ。

あなたがこれまでに接してきた人は全員人間であると断言できるだろうか。だが、これを読み、人間であろうがゾンビであろうが、どちらであっても支障はないと考える人もいるだろう。むしろ、ゾンビだと分かっていれば、余計な気遣いをしなくて済む分、楽に付き合えるかもしれない。

人付き合いが苦手なのであれば、いっそ周囲は皆ゾンビなのだと思ってみてはいかがだろうか。

友達が減ったとしても、責任は取らないのでご注意願いたい。

8 この世界は本当に現実なのか
水槽の中の脳

ここに水槽の中に入った脳みそがある。

ホルマリン漬けのようにも見えるが、実はこの脳みそはまだ生きているのだ。

ある日、1人の青年エリックが交通事故に遭った。

青信号で横断歩道を歩いていたところ、信号無視して進入してきた車にはねられたのだ。車の運転手は、スマートフォンを操作しながら運転していたと言う。

エリックの身体はと言うと、変形という表現では済まされないほど無残な姿に。目撃者は皆、彼の命はないだろうと思った。しかし、2つの幸運が彼の運命を変えた。

1つは彼の脳みそが原形をとどめており、まだ動いていたこと。

もう1つは、その事故現場にたまたま大学教授が通りかかり、なおかつ脳科学を専攻していたということ。

大学教授は検体を持ち運ぶために持っていたクーラーボックスにエリックの脳を詰め込み、研究室へと急いだ。そして、その脳みそを開発途中のコンピューターへ電極でつなぎ、特殊な溶液に浮かべたのである。

エリックは今でも生きている。

事故当時の記憶はない。喜怒哀楽もあるし、痛い思いをすれば痛みも感じる。今まで通りの生活を送ることができている。

むしろ、事故の後には美しい恋人もでき、それまで以上に幸福で充実した毎日を過ごしている。

ただし、それはコンピューターのプログラムによる仮想現実の世界であるのだが。

エリック自身は、そこが仮想現実の世界であるとは疑いもしていない。

むしろ、事故の後には美しい恋人もでき、それまで以上に幸福で充実した毎日を過ごしている。

解説

この話の原作は、アメリカの哲学者ヒラリー・パトナムが『理性・真理・歴史』という本の中で紹介した有名な思考実験「水槽の中の脳」である。

大ヒットしたSF映画『マトリックス』の構想としても使われていると言えば分かりやすいかもしれない。

自分には当然のように身体があり、現実の世界を生きていることを信じて疑わない。だがしかし、その世界が仮想現実であると言われたら、否定できる人はいるだろうか。

この思考実験に近い考えは、かなり古くからある。古代中国の思想家である荘子は、『胡《こ》蝶《ちょう》の夢』という説話の中で、次のような思想を説いている。

夢の中で、自分は蝶になっていた。

だが、果たして本当にそうだろうか。本当の自分は実は蝶であり、人間になった夢を見ている可能性だってあるのではないか。

あなたの今見ている景色も、ひょっとしたらコンピューターのプログラムが作り出したものかもしれない。あなたの脳みそは、実際にはどこか別の場所に置かれた水槽の中に浮かんでいるかもしれない。そう言われて、否定できる人はいるのだろうか。

ただ、今見ている世界が現実だろうが仮想現実だろうが、どちらでも支障はない。皆が仮想現実の中にいるのであれば、もはやそっちの方が現実ではないだろうか。

そんな疑問も当然沸き起こる。だが、自分の生きている世界のみが仮想現実であったとしたら。そして、それを第三者が見ているとしたら。実に恐ろしい。


考えてもみてほしい。例えば、あなたがフィギュアスケート選手であったとする。

3歳から始めたフィギュアスケート。10歳の時に事故で足を怪我した期間以外は、一日たりとも休まずに練習してきた。お正月であっても、お盆であっても、自分にできることは練習のみ。そう信じて生きてきた。

14歳の時に、転機が訪れる。ありとあらゆるジュニアの大会で優勝したあなたは協会の目に留まり、シニアの大会に出ないかという誘いがかかった。しかもその大会は、オリンピック出場の選考も兼ねていると言うのだ。オリンピック出場時には15歳になっており、年齢制限にもかからない。

まだジュニアの選手ではあったものの、協会から注目されるほどの選手だ。スキルにおいてはもはやジュニアの域は超えていた。他の選手が休んでいる間も常に練習。そうした積み重ねがあなたを強くしていった。

あとは当日の身体的、精神的コンディション。そして、時の運次第だ。

迎えた初日のショートプログラム。出だしのステップは快調。やや苦手なジャンプも及第点といったところ。多少の緊張感はあったものの、十分すぎるほどの滑りであったと言えよう。

現時点の成績は2位。首位との差は僅かであり、フリースケーティングで逆転できる可能性は十二分にある。

翌日の朝、目覚めは快調。前日の疲れもほぼなく、体調面も万全。日課の座禅を、この日も行った。やれることはやった。あとは実力を出し切るのみだ。

会場入りし、入念にアップをこなす。時折他の選手のスケーティングをモニター越しに眺める。正直、ライバルと呼ばれる選手たちの滑りも、可もなく不可もなくといったところだ。これならいける。

いよいよ出番の時がきた。3歳の時から11年間、この日のために修練を重ねてきた。あとは出し切るだけ。もう、誰にも負ける気がしない。

いざ開演。得意のステップワークは今日も好調。観客が魅せられているのが、手に取るように分かる。が、何かが引っかかる。

不安をよそに迎えた最初のトリプルルッツ。タイミングは万全、であった。だが、ブチっという音がしたあとに転倒し、頭を打ち、気を失ってしまった。

病室で目覚めたあなた。医師に、アキレス腱《けん》が断裂、完治するまで1年は要するとのことだった。これまでスケートに捧《ささ》げた人生は何だったのだろうか。一瞬にして儚《はかな》く散ってしまうなんて。これも運命の悪戯。そう自分に言い聞かせるのだった。

などという話が、第三者によって巧みに創り上げられたとしたら。果たしてあなたは受け入れることができるだろうか。

9 双子のパラドックス

時間の進み方は変わる場合がある？

幼い頃から勉学に秀でて、運動神経も抜群だった私たち兄弟。

弟は工学の道へ進み、ロケットの開発に携わった。私は、未知への好奇心から宇宙飛行士を志し、ついにその夢を叶えた。

そして、私は弟の開発したロケットに乗って、宇宙へ飛び立った。

数年後。

地球へ帰還した私を真っ先に抱きしめたのは、私と全く同じ顔だが、深いしわがしっかりと刻まれた、８歳年上の弟だった。

解説

双子なのに歳の差があり、しかも兄の方が年下。にわかに信じがたい話だが、こと光の速度に近い領域ではこのようなことが起こり得る。宇宙から戻ってくると、地球では時が経ち、家族や友人が年老いていた、という描写は、数多くのＳＦ作品にある。

読者のあなたも、思い当たる作品があるのではないだろうか。実はこれはかの有名なアルバート・アインシュタインの相対性理論による思考実験なのだ。よくあるあの描写には、根拠があったのだ。

まずは、特殊相対性理論というモデルで考えてみることにする。ここに、光速に対して80％の速度で進むロケットがあるとする。そしてこのロケットが兄を乗せ、地球から8光年離れたベルナルド星へ行くとしよう。

特殊相対性理論によると、光速の80％で動く物体は、時間の進みが40％遅くなる。ベルナルド星までの距離が8光年ということは、光であれば片道8年、往復で16年かかるということ。

ではこのロケットはと言うと、高速の1・25倍時間がかかるので、往復で20年かかる計算になる。ロケット内での時間の進みは、20年×0・6＝12年しか経過していないことになる。

したがって、地球に戻ってきた兄は8年若くなっているのだ。

ただしここで疑問が生じる。

確かにロケットは地球から遠ざかっているように思えるが、それはあくまで地球が動かない観測点であるとした場合の話。

逆にロケットから見ると、光速の80％の速度で地球が離れていっているとも捉えることができるのだ。だとすると、時間の進みが遅くなるのは地球にいる弟ということになるのだ。

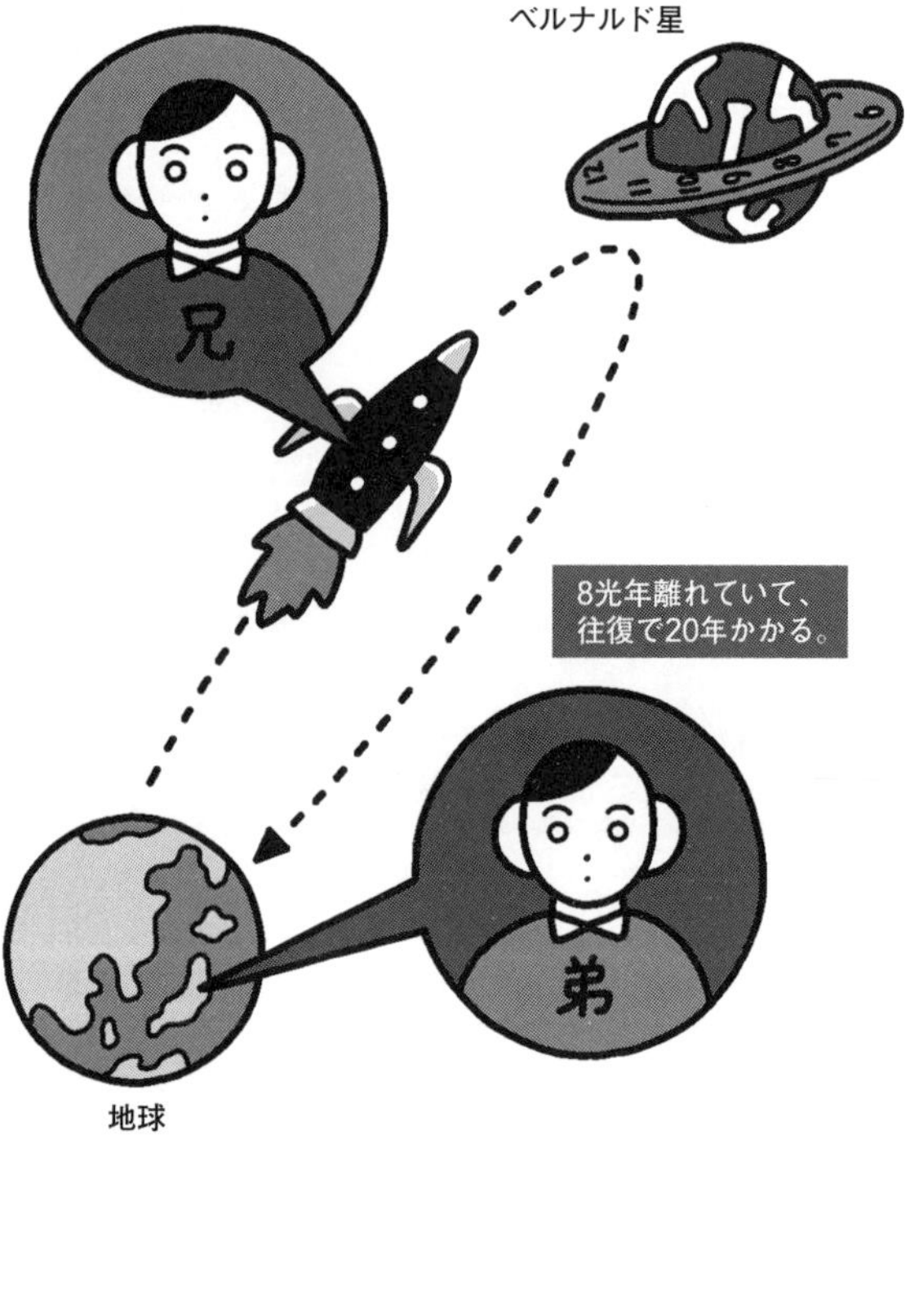
ベルナルド星
兄
8光年離れていて、
往復で20年かかる。
弟
地球

ロケット内では12年しか経過していない。

この話の真のパラドックスは、「双子なのに歳の差がある」ことではない。地球とロケットのどちらが光速に近い速度で動いているか、一概に判別できないところがポイントなのである。

この問題は長年多くの研究者たちを悩ませてきた。しかし、一般相対性理論を駆使すればシンプルに説明することが可能である。相対性理論の謎を解き明かすのもまた相対性理論というわけだ。

一般相対性理論は、特殊相対性理論に重力の要素を組み込んだ理論である。

特殊相対性理論は、観測者が慣性系（静止している、もしくは等速直線運動している）である場合、つまり重力や加速度の影響を受けない系に対して成り立つ。

一方、一般相対性理論は、観測者が加速する系（加速度系）から見た場合でも成り立つ理論として知られる。

では、一般相対性理論によって先ほどの問題をもう一度考えてみよう。

加速度運動する場所から見た場合に発生する「慣性力」は、本質的に重力と同じであるとみなされる。これを「等価原理」と呼ぶ。

ロケットの場合、進行方向とは逆向きに慣性力がかかる。

この慣性力は重力とは区別できないし、しないという考え方だ。

また、大きな重力、例えば質量の大きい恒星の近くでは、時間の進み方が遅くなる。特殊相対性理論の時とは異なり、重力の強い場の方が時間の進みが遅くなるのだ。

以上を踏まえたうえで、再び地球からベルナルド星へ兄を乗せたロケットを飛ばしてみよう。

今度は、地球とベルナルド星の中間地点をCとし、そこでロケットの加速度を変更することも考慮することにする。

まず地球を飛び立ったロケットは、地点Cまで加速を続ける。

すると、進行方向とは逆向き（地球方向）へ強い重力がかかるとみなされる。したがって、ロケット内の時間の進みは遅くなる。

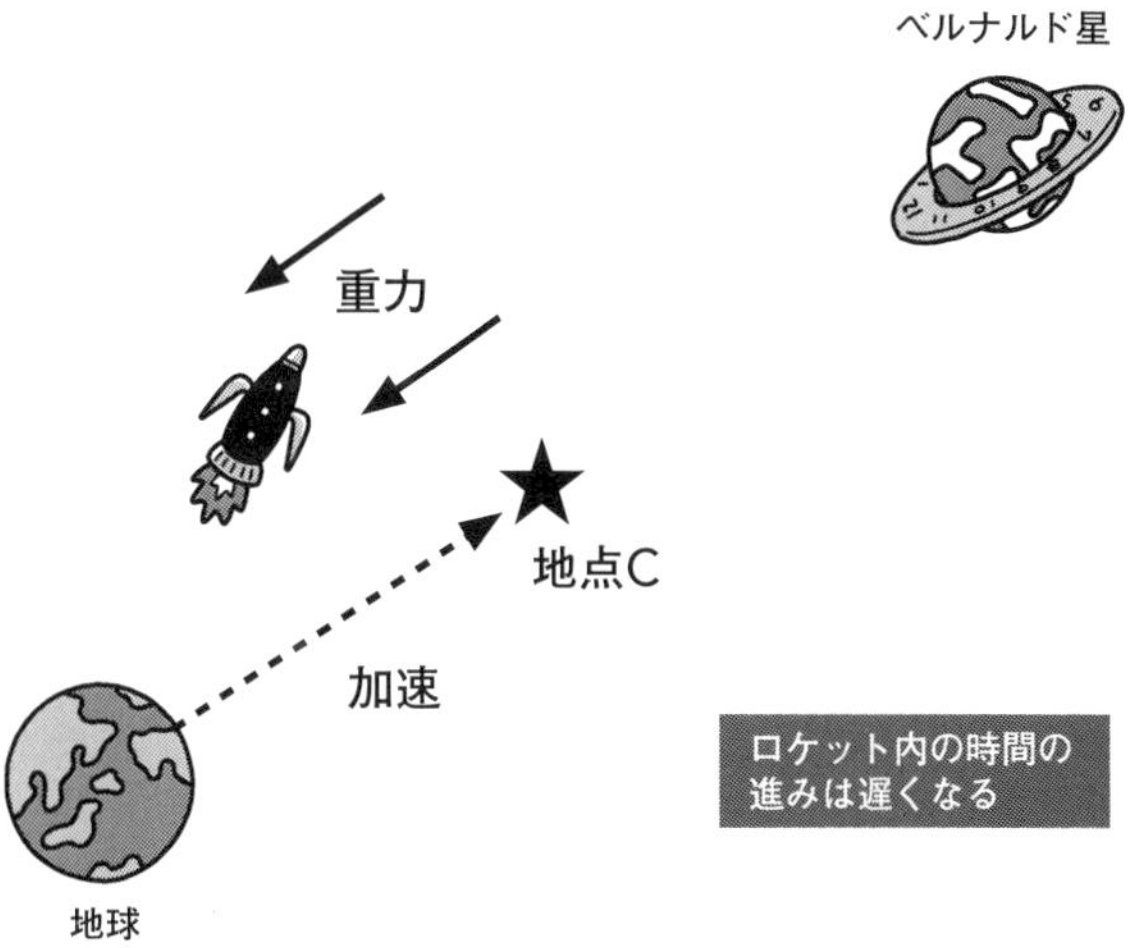

地点Cまで加速を続ける。

続いて地点Cを過ぎたあと、ロケットは減速を始める。

これまでとは逆方向、つまりバーナード星側に強い重力がかかるとみなされる。ここでも、ロケット内の時間の進みは遅くなる。バーナード星からの帰りも同様だ。

つまり、加速をしても減速をしても、常にロケットには強い重力がかかり続けるため、時間も遅れ続けるのだ。

光速に近いロケットを作ることができていないため、残念ながらこの現象が実際に観測されたことはない。だが、相対性理論はいくつもの現象を解き明かし、興味深い現象を予言もしている。あのブラックホールの存在や特徴だって、一般相対性理論により予言されてきたのだ。

しかしこの理論は、パラドックスの解明まで含めて実に興味深いものがある。加速して駆け抜け、時間をかけて時間を遅らせるのだから。

ここに新婚ホヤホヤの夫妻がいる。

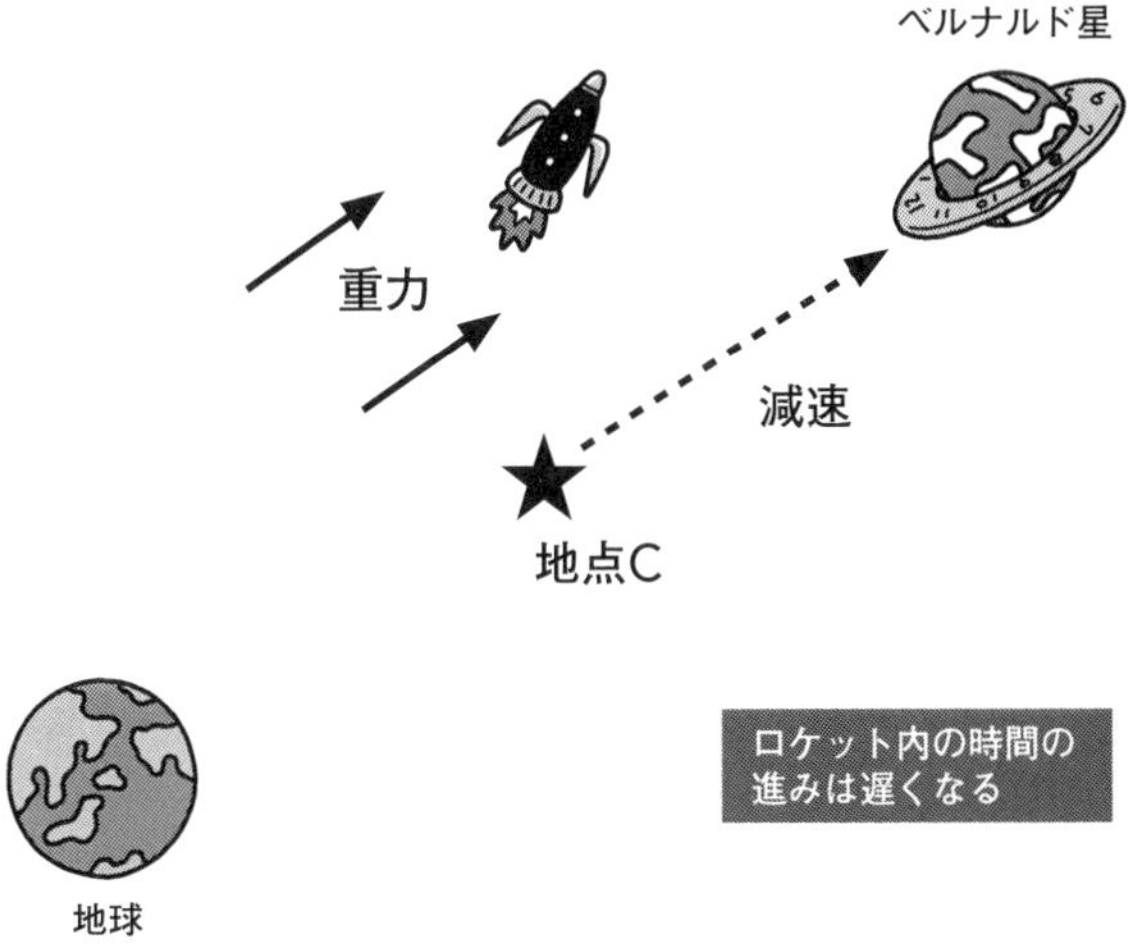

地点Cをすぎたあと、ロケットは減速を始める。

旦那さんは理工学部の出身で、物理を専攻していた。そして、若くして海外で成功し、残りの人生を謳歌《おうか》するため、30歳でリタイヤ。華々しいことこのうえない経歴だ。

そこで、旦那さんは考えた。もし光速の60%で動くロケットがあったなら、時間の進みが遅くなる。であれば、愛する妻と一緒にいられる時間も増えるのでは。アインシュタインに魅せられた1人の物理学者ならではの発想だ。そしてそれが、現実のものとなった。

2人を乗せたロケットは6光年離れた星を目指して出発した。星には降りず、ただただ2人の時間を共にするために。

とにかく毎日が楽しくて仕方がなかった。何をするのも、いつも2人。愛すべき妻。愛してくれる妻。寝ても覚めても2人きりの生活。そう思えたのは、最初の1年だけ。いや、半年だったろうか。ある時からとてつもない倦怠感《けんたいかん》が2人を襲った。

何しろ暇なのである。ニュースを毎日見ていたが、地球を離れれば離れるほど、情報が遅くなる。何しろ、1光年離れたら、ニュースが届くのは1年後だ。

そして、あんなに愛し合っていた2人でも、毎日顔を合わせ、しかもたいしてやることがないとなれば、嫌になるのもまた早い。

ここで、ある事実に気づいた。

光速の60％で動く物体は、単純計算で20％ほど時間の進みが遅くなる。片道6光年、往復12光年の旅となると、ロケット自体は20年で往復し、その間中にいる2人は、16年しか経過していないことになる。ロケット内に滞在するのは、残り10年超。しかも地球の情報も満足に得られないまま、過ぎ去るだけの毎日。もううんざりであったが、だからといって投げ出すわけにはいかなかった。

本当に怖いのはその後、ロケットを降りてからだ。20年の歳月を過ごし、16年しか経過していない2人。4年も多く時間を「獲得」してしまった。

残りの人生は、まだ長い。寿命が80歳だとすれば、結婚してから50年は寄りそうことになる。そこに加算された4年という歳月は誤差なのか、それともやはり重みのある数値なのだろうか。

10 シュレディンガーの猫

観測するまでその状態は分からない

ここに、小箱と言うにはやや大きめの箱がある。箱の中には、放射線検出器と、この検出器と連動する毒ガス発生装置とがある。

その箱の中に、放射線を発生するウランが含まれた鉱石と、1匹の猫を格納し、蓋をする。

ウランの原子核が崩壊して放射線が出れば、放射線検出器が作動。箱内にはたちまち毒ガスが発生してしまう。

猫は当然のように死んでしまうだろう。

ところが、量子力学の世界では必ずしもそうとは言い切れないと言うのだ。

一体どういうことなのだろうか。

猫は当然のように死んでしまうだろう……。

解説

この問題を理解するために、まずは量子力学について触れることにする。

量子論とは、電子のようなミクロな物質の振る舞いについての理論だ。

そこでは、「電子は粒子であり波である」とされている。直感的にはなかなか受け入れがたいが、きちんと実験的に立証された紛れもない事実だ。

その実験が、「電子の二重スリット実験」だ。電子が1つずつ発射される電子銃というものがあり、発射された電子がスクリーンへ届くと、その跡が記録されるようになっている。

そして電子銃とスクリーンの間には、細長い穴が2つ空いた仕切りがある。

まず電子を1個ずつ、断続的に放った場合。

スクリーンにはスリットを通過した電子の跡が1個ずつ残る。電子が粒子としての性質を示しているということだ。

次に、何度も連続的に放った場合。

断続的に電子を放つと、スリットのある位置にあたった跡ができる。

連続的に電子を放つと、スリットの位置に関係なく、縞模様にあたった跡がつく。

スクリーンには干渉縞《かんしょうじま》と呼ばれる明暗の模様が現れるのだ。この干渉縞の出現は、電子が波の性質を示すのでなければ説明ができない。

つまり、電子は粒子の性質も、波の性質も併せ持つということに他ならないのだ。量子論によると、電子のようなミクロな物質は「複数の状態が共存した状態」であり、観測した時点で初めて状態が判別できるのだ。

この奇妙な状態については、今でも議論がなされている。その1つの解釈が「重ね合わせ」だ。つまり、粒子の状態と波の状態とが重なり合わさっており、全ては確率論で語られるということだ。

このような解釈に異を唱えたのが、物理学者であるエルヴィン・シュレディンガーだ。

冒頭の話に戻ろう。ウランの原子核が崩壊して放射線が発生すれば、普通に考えたら猫は死んでいるはずである。だが、量子論によると、「原子核が崩壊したウランと崩壊していないウランの重なり合わせ」の状態だという解釈になる。

つまり、「猫が生きている状態と死んだ状態の重なり合わせ」でもあるのだ。

こんな馬鹿げた話はないという、シュレディンガーの皮肉が込められた思考実験がこのシュレディンガーの猫なのである。

そもそも、シュレディンガーは量子力学の創始者の1人であったのだが、学問を進めていくうちにこの決定的なパラドックスに行きついた。この命運もまた、皮肉であると言えよう。

このパラドックスについては、今でもまだ万人が納得する答えは出ていない。

電子のようなミクロな領域でのみ起こり得る現象なのか。であれば、マクロとミクロの境界はどこになるのだろうか。アリ、微生物、ウイルス。小さいと聞いて思い浮かぶものを挙げてみたが、果たしてこれらの中に境界となる領域はあるのだろうか。

マクロな領域でも、重なり合わせの原理で全てつじつまが合うのだろうか。そうであるとすると、実に不思議な世界がそこにはある。

これを読んでいるあなたは生きている。そこには通常何の疑問もないのだが、実は生きている状態と死んだ状態の重なり合わせ。

5年前に亡くなった祖父がいる。でも、祖父も死んだ状態と生きた状態の重なり合わせ。観測してみて初めてこの状態が決定する。

かっこいいと評判のモデルがいる。果たして本当にかっこいいのだろうか。実際に見てみないと分からない。これは自明だ。

そして実際に会ってみる。確かにかっこいい。だが、かっこいいように見えるが、これはかっこいい状態とかっこ悪い状態の重なり合わせ。会ってみるまではかっこ悪かった可能性だってあったのだ。

年月が経つにつれて気になってくる顔のほうれい線。鏡を見るたびにがっかり。でも、ほうれい線がある状態とない状態とは重なり合わせの状態。鏡を見てみるまでは、ほうれい線がなかった可能性だってある。

インスタ映えすると評判のカフェ。実際に行ってみると、確かに雰囲気がよい。そこで食べるケーキもまたおいしいことこのうえない。

だが、このカフェがインスタ映えする可能性とインスタ映えしない可能性とは重なり合わせの状態。観測して初めて映えたかもしれず、もう一方の映えない状態であった場合、こうしてケーキをおいしく食することだってできなかったかもしれない。

一生懸命勉強して、一流大学合格を目指す人がいる。模試という模試では常に全国トップレベル。誰もが合格間違いなしと太鼓判を押してくれた。

いざ入試の時を迎える。コンディションは万全。ほぼ解けたという手応えもあった。

そして合格発表の日。掲示板に貼り出された受験番号を探す。しかしそこには、自分の番号は見当たらなかった。

これは、何かの手違いか。実力不足だったのだろうか。それとも、受験番号が掲示されている状態と掲示されていない状態の重なり合わせで、後者の確率を選んでしまっただけなのか。

11 アビリーンのパラドックス

「忖度」が引き起こす悲劇

私の家族は祖母、父、妹、そして私の4人。

母は5年前に他界してしまったけれど、祖母の支えもあり、ここまで寂しい思いをすることなく過ごすことができている。


ある日のこと。

「ねえ、明日から4連休だし、お母さんが好きだった温泉にでもいってみない？」

私は居間に集まった家族にそう提案した。

露天風呂が名物の温泉で、特に何があるというわけでもないのだが、母はそこへ行くと心底リラックスできるのだと言っていた。

「いいわね、それ」

真っ先に賛同してくれたのは祖母だ。すると父も、

「まあ悪くないアイディアだな」

すっきりしない返事ではあったものの、温泉旅行に同意した。

妹を見てみると、何やら浮かない顔をしている。だが自分の部屋に行き、帰ってくる頃にはすっきりした顔で「温泉行こう」と言ってくれた。

こうして家族全員で出かけた温泉旅行。

途中のサービスエリアでは、父がみたらし団子を買って全員に分けたり、その町の特産品である染料で染められたTシャツを妹が買ったりと、久しぶりの家族でのお出かけを、皆それなりに満喫している様子だった。

だが、午後3時過ぎ、向かおうとしている温泉街を見ると、何やら雨雲が。しかし予約はすでに完了している。それに、今から温泉となれば雨天など特に問題はない。

それから1時間ほど車を運転し、目的の温泉宿へと到着した。荷物を置き、温泉へと向かう4人家族には悲劇が待っていた。

近くであったロックフェスティバルが雨天中止。そこから流れてきた参加者で温泉

はごった返していたのだ。とても温泉や風情を満喫できるような状況ではなかった。

部屋に戻り、妹が開口一番。

「こんなことなら、友達から誘われていたセールに行けばよかった」

と口にした。すると父も、

「本当はゴルフの予定があって、しぶしぶキャンセルしたのに」

と続けた。真っ先に温泉旅行に賛同してくれた祖母までもが、

「近くのフラワーパークでのんびり過ごしたかったのに」

と、愚痴をこぼしはじめた。そんなこと言ったら、私だって休日くらいは家でゴロゴロしたかった。久しく出かけていない家族のために、良かれと思って提案したというのに。

天国の母は今、どんな顔をして私たちを見ているのだろうか。

4人家族には悲劇が待っていた……。

解説

読んでいて「あるある」と頷いてしまった方も少なくないのではないだろうか。

だがこれは、有名な思考実験を基にしたお話なのだ。

アメリカの経営学者ジェリー・ハーベイによる「アビリーンのパラドックス」として知られている。

ハーベイは、暑い中アビリーンという街まで、わざわざ砂漠をドライブしてまで出かける家族を描写している。

こうした事例は、家庭内だけではなく、しばしば企業や団体でも見られる。思い当たる節はないだろうか。

朝会社へ向かうと、何やら皆一生懸命に掃除をしている。聞くと、「明日は社長が来られる日」だからとのことだ。

音頭をとっているのは、我々の部署の部長。きれい好きな社長のこと。いつもは書類で溢れかえっている我が支社を見られたら、何を言われるか分からないと考えた。

玄関から休憩所に至るまで、丸二日間かけて徹底的に磨き上げた。そしてついに、社長が来社。

部長に対し社長は、

「いつもこんなにきれいにしておるのか？」

と尋ねた。待ってましたとばかりに、はい、と回答する部長。だが、

「掃除に精を出している暇があるなら仕事をしろ！」

と一喝されてしまった。

部下の徒労感は、察するに余りある。実はこの部長も「どこまで掃除すればよいか」を決めあぐねており、結局丸二日間もの時間を要してしまった。

一見すると、皆にやる気があったように思えた訳だが、内心では誰も乗り気ではなかったのだ。誰も進んでやりたかった訳でもない作業をするのに、多大な時間を要してしまっ

た。体力も要した。また、その分業務も中断していた訳だから、金銭的にも損をしていたと見ることもできる。

では、なぜこのようなことが起こってしまったのか。ある者はよかれと思って、ある者はそれに賛同して、またある者は事なかれ主義だったため。

つまり、明確に「ノー」と言える人がいなかったために起こってしまったのだ。これは温泉旅行の例でも、社内清掃の例でも共通している。

また、こんな場合もあるかもしれない。

二月前、とある動画サイトへの投稿を始めた。料理を作ってみたり、筋トレをしてみたり、読んだ本の感想を述べてみたりと、あらゆることを試してみたのだが、全く閲覧回数が伸びない。

そこであることを思いついた。有名人を見つけては失礼な質問をぶつけ、怒らせる様を動画に収めるという作戦だ。

これが見事に的中。再生回数は激増した。多くは批判するものであったが、少なからず賛同してくれる者もあった。

だがこの作戦、非常に体力を要する。

有名人を見つけるという作業、そして失礼千万な行為をはたらくという作業。本当のところは、もうやりたくないのに。


これは、いわゆる「引くに引けない状況」だ。

これまでに要してきた時間、体力、お金を考えると、途中で止めるということが許されない状況になってしまうこともある。経済学の用語では、これを「サンクコスト効果」と呼んでいる。

あなたの周りには、本当にないだろうか。皆自律的にやってはいるが、実は誰も望んではいない作業が。

12 多数決のパラドックス

やり方によって1位は変わる!?

ここに、三人の友人A、B、Cがいる。

時刻はお昼時であり、ご飯に何が食べたいかと話し合っているようだ。

この三人がいる場所からお店を絞り込むと、カレー、そば、ラーメンの三択となった。そこで、多数決でお店を決めることになった。

まず、「そばとラーメンではどちらがいいか」と問うと、そば1票、ラーメン2票となり、ラーメンが勝ち上がった。

次に、「勝ち上がったラーメンとカレーではどちらがいいか」と問うと、ラーメン1票、カレー2票でカレーが優勝を飾った。

だがここで、準優勝となったラーメン店が臨時休業であるということにB君が気づ

この3人がいる場所からお店を絞り込むと、カレー、そば、ラーメンの三択となった。そこで、多数決でお店を決めることになった。

いた。

優勝したカレーを食べれば、誰も文句はないはず。民主主義に則って多数決で決めたのだから。

ただ、C君は好奇心が旺盛。

念のため、カレーとそばとで多数決を取らないかと提案した。すると結果は、カレー1票、そば2票となり、そばの大逆転勝利となってしまった。

一体なぜなのか。

解説

これは多数決のパラドックスとして知られている。

まず、A、B、C各人の希望を整理してみよう。

Aは、そば＞カレー＞ラーメン、Bはカレー＞ラーメン＞そば、Cはラーメン＞そば＞カレーの順に優先順位を付けていた。

1回戦の「そば対ラーメン」では、Aがそばに、BとCがラーメンに票を投じ、ラーメンが2票で勝利。続く2回戦の「ラーメン対カレー」ではAとBがカレーに、Cがラーメンに票を投じてカレーが2票で勝利が確定した。

ただし、「カレー対そば」を見てみると、Bがカレーに、AとCがそばに票を投じることになり、そばが2票で勝利してしまうのだ。ここにパラドックスの秘密が隠されていたのだ。

お気づきかもしれないが、このトーナメント方式は、対戦順が変わることによって勝者が変わってしまう。

1回戦が「カレー対そば」の場合、カレー1票、そば2票でそばの勝利。続く2回戦の「そば対ラーメン」ではそば1票、ラーメン2票でラーメンが優勝となるのだ。

同様に、1回戦が「カレー対ラーメン」の場合、カレー2票、ラーメン1票でカレーの勝利。続く2回戦の「カレー対そば」ではカレー1票、そば2票でそばが優勝となる。

母数が大きくなると、その分事態は複雑になっていく。場合によっては、1番食べたいものと食べたくないものとが同じ食べ物になってしまうことさえあるのだ。

多数決によるパラドックスを最初に明らかにしたのは、18世紀のフランスの数学者・政治学者のコンドルセ侯爵だ。彼は総当たり決戦方式を提案した。

つまり、先ほどのそば、カレー、ラーメンで例えると、「そば対カレー」「カレー対ラーメン」「そば対ラーメン」で競わせ、もっとも勝率の高いものを勝者とするという考えだ。

だが、母数が大きくなれば大きくなるほど対戦数も多くなり、決定までに膨大な時間を要してしまうのは言うまでもない。

これらの欠点を回避するために考案されたのが「上位二者決選投票方式」だ。上位二者決選投票方式とは、文字通り上位二者による決選投票で決定する方式を指す。ただし、単独投票で1位の得票数が過半数に満たない場合であることが条件だ。

同方式は、オリンピックの開催地決定、フランスの大統領選挙、日本の内閣総理大臣指名選挙など、広く採用されている。だがこの方式も、選出に手間や時間がかかるというデメリットがあり、かつ単独投票の欠点を完全に回避できるという訳でもない。

そこで、各順位に点数の重みをつける「順位評点方式」が、フランスの数学者ジャン＝シャルル・ド・ボルダによって考案された。

例えば、三者択一の場合、1位は3点、2位は2点、3位は1点といったように点数付けをする。この評点を「ボルダ点」などと呼んだりもする。だが、一見すると公正に感じることの方式も、常に最適な順位を付けられる訳ではない。

では、欠点の全くない多数決の方式はあるのだろうか。この疑問について、アメリカの経済学者ケネス・アローは、完全に民主的な投票方式は存在しないことを数学的に証明している。

かくして、完全無欠な多数決など存在しないというのが現在の一般論だ。だが、仮に一切欠点のない多数決の方式があったとして、果たして民主的な投票が行われるだろうか。

実際の選挙を見てみると、候補者たちが街頭で手を振り、演説をして自分の政策をアピールする。一方で、組織票などというものも存在する。時には金銭が飛び交うことすらある。

もちろん投票権は一人につき1票ではあり、得票数の多い人が選ばれる仕組みには違いない。だが、民意を公平かつ公正に汲み取るのが民主主義だとすると、本当の意味で民主的な選挙などというものは、いくら待てども訪れないのかもしれない。

13 抜き打ち検査のパラドックス

抜き打ちは予測できないはず？

アイマールは小さな町工場の工場長。

父の代で築いたこの工場なのだが、今深刻な危機に陥っている。過去に二度、外部の検査員から安全性について指摘を受けており、「次に指摘事項があれば操業停止」と勧告されているのだ。

とはいえ、アイマールは気にも留めていなかった。というのも、あることに気づいたからだ。

次に検査員が訪れるタイミングは明確にはされていない、いわゆる抜き打ちでの検査だ。だが、翌月に来ることだけはあらかじめ知らされていた。

31日はありえないと彼は考えた。なぜなら、30日まで来なかった時には次の日に訪れることが確定するため、抜き打ち検査にはならないからだ。
同様に、30日もありえないということになる。29日まで検査員が来なければ抜き打ち検査が成立しないからだ。同じ理由で、28日もありえない。そして、27日も、26日も……。

こうしてしばし考えた後、アイマールは「抜き打ち検査をできる日はない」と結論づけた。彼は安全対策の是正措置を取らず、通常の業務を続けることに決めた。

だが、16日に検査員は訪れたのだ。検査員の下した裁定は、操業停止。
従業員から問い詰められ、頭を抱えるアイマール。完璧だと思われた彼の推理には、一体どこに問題があったのだろうか。

解説

アイマールの思いを整理してみよう。

彼の頭の中には「抜き打ち検査は全く予期できないタイミングでしか行わない」という考えがあったのだろう。

となると、この場合は確かに「そんな抜き打ち検査などできない」というのが正解になる。彼の主張の通り、31日が実施日だとすると、30日の時点で分かってしまうはずだから。

一方で、検査員の身になってこの検査を考えてみる。彼らの思いは「いつ行っても安全面に問題がない工場であって欲しい」ということ。ただそれに尽きるのではないだろうか。なので、検査日がその月の1日であろうが、31日であろうが、どちらであっても検査員にとっては抜き打ち検査に違いない。

むしろ31日に実施する方が、前日までの30日間ずっと安全対策をする可能性が高いので効果的であると言えよう。

そもそも「検査員が次に来るのは翌月」ということが分かっているのだから、アイマールの考える抜き打ち検査は、最初から成立していないということになる。だが、この検査員は、いや世間のほとんどの人はこれも抜き打ち検査だと考えるだろう。

では、完璧な抜き打ち検査とは、一体どのような条件で実施されるべきなのだろうか。次の例を考えてみよう。


17歳の高校生ペレス。彼は猛勉強の甲斐あり、誰もが認める一流の進学校に通っている。だがこの高校は、校則が非常に厳しいことでも知られている。毎朝校門の前には教員が立っており、服装・髪型の乱れを見つけては生徒に注意をしているのだ。何に使うのかは知らないが、竹刀を持っている教員もいたりする。

ペレスは小学生の時分にブラジルから日本へとやってきた。

ブラジルでは午後から学校が始まり、しかも授業中に席を立ったりしても特に何も言われない。もちろん制服もない。

そんな彼にとって、日本の学校はあまりにも窮屈すぎた。それでいて、日本の中でも特に校則の厳しい学校を選んでしまったのだから、彼のストレスが相当なものであることは想像に難くない。

ペレスはヘコヘコというブラジルの楽器を、常にかばんの中に入れていた。

17歳といえばハメを外したい年頃でもある。根は真面目な青年なのだが、ささやかな抵抗としてヘコヘコを持ち歩いていた。そうすることによって心を落ち着かせていたのだ。

夏休み明けの初日、抜き打ちの持ち物検査が実施された。ペレスのヘコヘコは没収されてしまった。

「なぜ楽器を持っていてはいけないのですか」

とペレスは抗議した。だが、

「学業には関係ないから」

という教員の一言とともに、ヘコヘコは彼の元から去っていってしまった。

これなら抜き打ち検査と呼ぶことができそうだ。なぜか。

まず、検査の実施の有無が明らかにされていない。そして、実施すべき期間が明示されていない。

つまり、いつ行われてもおかしくなく、その日程を予測する判断材料が何一つないのだ。始まる時期と終わる時期が分からない場合、真の抜き打ち検査が成り立つとも言えるだろう。

もっとも、それが分かったところでペレス青年の無念が晴れる訳ではないのだが。

14 トロッコ問題

迫られる究極の二択

1人の若者ノーマンには、あまりにも時間がなかった。

ノーマンは建設会社で働く23歳の若者だ。彼は今トンネル工事を手がけている。そして、その作業現場に、ブレーキが突如故障してしまった列車が向かってきているのだ。

このまま1分もすれば、3人の同僚が作業する現場に列車が突っ込んでしまう。ノーマンがいくら声を張り上げてもクラクションを鳴らしても、その作業現場へは音が届かないので、事故は免れない。

しかし、ノーマンの目の前には、線路の分岐器のハンドルがあった。このハンドルを切れば、同僚3人は助かる。しかし、別の同僚1人が作業する現場に列車が突っ込んでしまう。

犠牲者の数は、ハンドルを切らなければ3人、切れば1人である。

被害の大きさだけ考えればハンドルを切るという選択肢が考えられる。

だがしかし、人の命に大きいや小さい、多いや少ないなど関係ないのではないだろうか。それに、同僚1人がいる作業現場には、「自らの意思で」ハンドルを切ることになる。ハンドルを切らなければ事故、ハンドルを切れば殺人になるという考え方もある。

ノーマンはハンドルを切るべきだろうか、それとも切らないべきだろうか。

ノーマンにはあまりにも時間がなかった……。

解説

この問題はイギリスの哲学者フィリッパ・フットによって提起された。「トロッコ問題」という名称でも広く知られている。

これから起こるであろう事故の規模だけ考えれば、ハンドルを切り「1人の命を犠牲にして3人の命を救うのが正しい」という意見もあるだろう。だが、ハンドルを切るという行為には、運転手自らの意思が働く。それならば、「命の数は少なくても運転手による立派な殺人だ」という見方もできる。

では、この分岐器の前に同僚の作業員がいたとする。そこで、「1人の作業員がいる側にハンドルを切れ」と指示をされ、それに従った場合はどうだろう。自分の意思でハンドルを切った訳ではないということにはなる。

だが、その指示に従うかどうかの選択権はノーマンにある。指示に従わないという答えだってあるのだ。結局は自らの意思で選択しなくてはならないという状況であることには違いない。

仮に同僚の意見に従い、ハンドルを切った場合、ノーマンには責任がないと言えるだろうか。同僚の選択のせいだけにできるだろうか。ハンドルを切らないという選択をした場合、ただの事故だと言い切れるだろうか。

「何も行動を起こさない」という選択肢と「行動を起こす」という選択肢。そこに責任の差はないと考えることもできる。

では、1人の作業員が、自分にとってかけがえのない存在だった場合はどうか。社長、同僚、親友、親兄弟、妻、子供。誰でもいいから思い浮かべてみる。

命の価値に大きい小さいはないというのは、本当だろうか。ただのきれいごとにすぎないのではないだろうか。そんな風にも思えてくる。

かといって、何の迷いもなしに「ハンドルを切らない」という選択ができるかといえば、そうでもない。事態はより複雑になると言えるだろう。

さらに、現場にはいない作業員の親族の立場になって考えてみる。3人の側にいる作業員であったとしても、1人の側にいる作業員であったとしても、事故に遭った場合、その親族は遺族になることに変わりはない。受ける悲しみに差異などないだろう。

いくらノーマンに状況を丁寧に説明されたとしても、それを受け入れることができるだろうか。

様々な立場に立って考えてみたが、この問題に万人が納得するような解など存在しない。では、次のような場合、あなたならどちらを選択するか、是非考えてみてほしい。

トーマスという男がここにいる。彼の仕事は営業だ。見た目はいたって普通。3年前に結婚し、今年になって子宝にも恵まれた。

誰もが順風満帆だと思っていたが、彼はある大きな十字架を背負いながら生きている。

1ヶ月前、出張に出かけたときのこと。宿泊先のホテルに帰る道中何者かに襲われ、連れ去られた。

目を覚ますと、彼は一人だった。意識はなかったが無事ではあったようだ。ただし、足元に置かれた置き手紙を見て彼は驚愕した。

トーマスの体内には時限爆弾が埋め込まれていたのだった。このことを誰かに話せば、すぐに爆破をするとも書かれてあった。

彼は一人重要な秘密を抱えたまま、平静を装い何とか過ごしてきた。だが、時限爆弾が爆発するのは、明日だ。


爆破予定時刻は、ちょうど出張の移動中にあたる。しかも飛行機の機内なので逃げ場はない。彼は目的地にたどり着くことなく、機内の人全員を巻き込んで死んでいくだろう。

どうしても行かなくてはならない出張ではあるが、トーマスにとっては人生最期の日。大切な家族と寄り添っていたいという気持ちも当然ある。だがそうしてしまうと、家族は皆爆破に巻き込まれてしまう。

誰かに打ち明けたいが、その瞬間爆破してしまうので言えない。平静を装い、予定通り出張に出かけ、多くの人を巻き込んで死ぬか。それとも、予定を変えてでも大切な家族と寄り添い、道連れにして死んでいくか。

あなたならどちらを選ぶだろうか。

15 タイムマシンのパラドックス

未来は変えられる?

アリスは大手銀行で働く26歳。大学を卒業してすぐに今の仕事に就いた。両親の深い愛情を受けて育ち、高校時代にはスピーチコンテストで優勝するなど、輝かしい実績も兼ね備えていた。

銀行員も、小さな頃から夢見ていた憧れの職業。その努力は結実し、若手ながら小さなプロジェクトのリーダーを任されている。

誰もが憧れ、誰もが羨む順風満帆な生活。だが、アリスには誰にも明かしていない悩みがあった。

歴史学に苦手意識があったのだ。

大学は主席で卒業したものの、彼女の進んだ専攻では歴史学は必修ではなく選択科目。高校時代は赤点を取ったことさえあるほど苦手だったのだ。

今の仕事とは直接関わりのない学問かもしれない。だが、根が完璧主義の彼女はこのことが受け入れられずにいた。

誰にも打ち明けられず、一人悩み苦しむ日々。そんなある日、一人の女性が彼女の前へと現れた。

40代くらいであろうか。同じ銀行の職服を着ており、どうにも他人とは思えないオーラがそこにはあった。

それもそのはず。アリスの前に現れた女性は15年先の未来からタイムマシンに乗ってやってきたのだと言う。

SF小説好きだったアリスは、特に疑うことなくこの事実を受け入れた。そして、そのタイムマシンに乗って学生時代に戻れないかと懇願した。

15年未来のアリスは今のアリスに告げた。

「過去は変えられないからやめときなさい」

アリスはアリスにそのことを伝えるために未来から来たのだという。

解説

様々な文学作品やアニメの世界に登場するタイムマシン。

だが、将来いくら技術が発展し、タイムマシンが完成したとしても、そこには多くのパラドックスが待ち受けている。


例えば、一人の少年がタイムマシンに乗って未来からやってきた。目的は、自分が気に入った小説を、過去にいるその作者に手渡すため。

これを受け取った作者が、一言一句違わず小説を書き写したとしたら。オリジナルの小説を書いた者が不在になってしまう。これは明らかなる矛盾である。

一方、この作者が小説を書き上げた時点で少年がタイムマシンに乗って未来からやってきたとしたら。小説が未来で売れに売れている、などといった情報をインプットすることは可能だ。だが、小説執筆については何ら影響を及ぼすことがない。

過去に戻ることが問題にならないケースも確かにある。だが、戻ったところで過去に影響を及ぼすことはあっても、事実を根底から変えることはできないのだ。

では、現在から未来へのタイムトラベルであればどうか。

ハヤトは行き詰まっていた。幼少の頃から実の父親に暴力を振るわれていたのだ。

幼い頃に母親を病気で亡くした。それからというもの、ハヤトの父親は心の拠り所を失ったせいか、すべてのストレスをハヤトにぶつけるようになったのだ。

最初は耐えていたものの、我慢の限界を感じたハヤト。気づけば友人宅を転々とする日々を送るようになっていた。

だが、彼には弟がいた。自分が家を出てからというもの、父親はストレスのはけ口を弟に求めるようになっていった。

決して楽な日々を送ってきた訳ではない。友人宅でも粗末に扱われてきたことが多々あった。

だが、今自分の弟が置かれている境遇と向き合ったときに、自分が何もしてあげられていないことに気づいた。といって、また自分が虐待される生活には戻りたくない。

しばらく考えてみた。だが、気づけば考える必要など何もなかった。

父親を殺すしかない。かねてより抱いていた思いを、ハヤトは再確認しただけに過ぎなかった。

酒を飲み、一通り暴力を振るったところで、力尽きたかのように眠る毎日。父親の行動パターンは実に分かりやすいものであった。

暴力に一度は耐え、力尽きる間際で刺そう。あわよくば正当防衛も成り立つかもしれない。ハヤトの決意は固かった。

決行の日を決め、ホームセンターへ包丁を買いに出たとき、通り道に不自然な黒い穴を発見した。何の気なしに覗いてみると、あっという間に吸い込まれてしまった。

気づけば、ハヤトは刑務所の中にいた。「ああ、親父を刺したのだな」と理解するのに、そう時間はかからなかった。

やがて、弟が面会にやってきた。

あれからというもの、警察からは事情聴取を受け、父親の死亡届提出や債務整理などに追われる日々だという。

世間からは白い目で見られ、追われるように住んでいたアパートを離れた。

仕事のあてもなく、ホームレス生活を余儀なくされているのだという。

ハヤトは絶句した。弟を思って親父を殺そうと思ったのに。

ハヤト目の前には、またしても黒い穴が現れた。ハヤトはその穴へと入っていった。気づけばホームセンターへ向かう道に戻っていたハヤト。しかし、包丁ではなく、ロープを買って帰った……。


このように、未来へ行き未来を変えることは、矛盾を生まない。未来は〝まだ来ていない〟からだ。だが、やはり過去は変えられないのだろうか。

もう一つ、パラレルワールドという考え方がある。量子論の「多世界解釈」に基づくもので、ある世界から分岐し、それに並行して存在する別の世界のことだ。

並行した別世界であれば、過去を変えても矛盾に苦しむことはない。だが、自分が本当に変えたい世界を変えることは、やはりできないのだ。

16 中国語の部屋

コミュニケーションがとれるということ

中国の福建省に、話題の宗教団体が最近突如現れたという。

自身の困りごとを相談すると、その教祖は的確なアドバイスをしてくれるといい、たちまち運気が上がると好評なのだそうだ。

ただし、教祖の姿を見たことがあるという人はおらず、教団の幹部ですら知らないという。ただし、女性であるということだけは分かっている。

最初は気味が悪いと敬遠していた人も少なくなかったのだが、結果的に彼女のアドバイスに救われ、そんな思いも吹き飛んでしまうのだそうだ。

だが、そんな宗教団体に警察は目をつけた。「きっと何か怪しいことをしているに違いない」と。そこで1人の警官ワンに潜入捜査をさせることにした。

ワンは手際良くその宗教団体への入団手続きを済ませ、毎日通った。そして1ヶ月ほど経った頃、教祖に直接相談する機会を得たのだ。

教祖の部屋に入ると、奥には黒いカーテンがかけられていた。その向こう側に教祖はいるようだ。なるほど、たしかに教祖の姿は見えない。

部屋の片隅にいた幹部から1枚の紙を手渡された。この紙に相談事を書き、カーテンの下から渡すようにと指示された。

ワンは氏名と生年月日を記入した後、「職場の人間関係で悩んでいる」と書き、紙を投じた。すると、「そういった人たちをうまく利用するくらいに思ってみてはどうか」と回答する声が聞こえてきた。

その後も質問を続け、その度に回答する声を聞いていたワン。どれも明確で的を射た返答ばかりであった。

最後に「あなたは本当に女性の教祖なのですか」と紙を投じると同時に、ワンは強引にカーテンを引き剥がした。すると、そこには、パソコンに向かう一人の中年男性の姿が。部屋にいた幹部も、狼狽している。

この教祖を名乗っている中年男性は、相談事が書かれた紙をスキャナーに読み込ませていた。どうやらそれを読み取ったコンピューターが即座に回答を喋ってくれるというシステムだったようだ。

ワンは職務であるということを忘れ、怒りのあまりこの中年男性を罵倒した。だが、男性はポカンとするばかり。

「I can't understand Chinese.（怒らないでください、私はこれっぽっちも中国語が分からないのですから）」

「怒らないでください。私はこれっぽっちも中国語がわからないのですから」

解説

この話を理解するには、1950年代に唱えられた「機能主義」を理解する必要がある。心を持つ、知能を持つということは、脳のような一種の生体器官を持つことではなく、何かを伝達したり、理解したり、判断したりという一連の機能を果たせるということである、という主張だ。

昨今では人工知能の研究も盛んにされている。これは、「人工知能とは本当の知能か」という問題ともリンクしてくる。機能主義の定義からすれば、人工知能も知能であるという答えに行き着くだろう。

これに対し、異を唱えたのがアメリカの哲学者ジョン・サールで、「中国語の部屋」と呼ばれる有名な思考実験を提唱した。先のお話は彼の思考実験を参考に書いた。

宗教団体教祖の話に戻ろう。この教祖は中国語を理解できないため、直接ワンとコミュニケーションを取れていた訳ではない。

では、この教祖が使っていたコンピューターに知能が備わっていると考えるべきなのだろうか。ただし、このコンピューターに与えられた質問を読み取る、それに対する一定の答えをアウトプットすることができるという能力のみ備わっていたとしたら。

そうであれば、このコンピューターが中国語を理解しているとは言い難い。それを踏まえた上でも、果たしてこのコンピューターは心や知能を持っていると認められるだろうか。

言語を理解していなくてもコミュニケーションは取れてしまう。ジョン・サールによる主張の真髄はここにある。

機能主義の考え方には、まだ一つ疑問がある。人間であっても「知能を持たない」ということになることもあり得るのではないだろうか。

生後6ヶ月の子供がいるとする。この子はまだ、大人が話しかける言語を理解しているとは言い難い。

だが、機嫌がよければ笑うし、悪ければ泣く。おもちゃをいじって何かを作ることもできる。それが自己主張のように感じられる時もある。

親もまた、子供が何を主張したいのかは完璧には理解できてはいないだろう。だが、心が通っている感覚はある。

この子供に、知能がないということになってはしまわないだろうか。だが、この親にも知能が備わっていると判断するのも、実は難しいのだ。心や知能が備わっていると判別する確固たる手法が分からないのだから。

17 ラプラスの悪魔

すべてはあらかじめ決まっているのか?

うちのクラスにいる大君と私は仲良しだ。

大君は勉強熱心で、特に物理が好き。雑学にも明るくて、どれだけ話していても飽きない。

ただ、時折我々には理解できないような話を持ちかけてきたりする。ある時には「未来は全て予測できるかもしれない」なんて言い出した。

大君はこんな主張をした。

「例えば、質量と速度が分かれば運動エネルギーが分かるし、質量と高さが分かれば位置エネルギーが分かるのだから、全物質の位置と運動量が分かれば過去・現在・未来すべてを知り得ることができるかもしれない」

「ということは、未来はあらかじめ決まってしまっているということ？」

と尋ねると、

「そうだ」

と目を輝かせて大君は答えた。そしてこうもつけ加えた。

「もちろんそれをきちんと理解し、解析できる能力がある人に限るけどね」


未来なんて決まっていない。決まっていてほしくないと私は思ったのだが、大君の言うことが妙に説得力のあるのも事実。

本当に未来を予測できるなんてことがあるのだろうか。

「ということは、未来はあらかじめ決まってしまっているということ？」

解説

この話は一見すると、ただの学生の屁理屈としか思えないかもしれない。

だが、フランスの数学者ピエール＝シモン・ラプラスによって実際に提唱された概念を基にしたものだ。ラプラスの魔女などという名称でも広く知られている。

ラプラスの主張はというと、

「もしもある瞬間における全ての物質の力学的状態と力がわかり、しかもそのデータを解析できる能力の知性が存在するならば、その知性にとって不確実なことは何もなくなって、その目には未来も（過去同様に）全て見えているだろう」

というものだ。

提唱されたのは19世紀。この時代には様々な自然現象がニュートン力学で説明できるようになってきた頃だった。

「原因によって結果は一義的に導かれる」という因果律や、「全ての出来事はそれ以前の出来事のみによって決定される」といった決定論の考えを抱く研究者も現れるようになった。

いずれも「過去が理解できているのであれば、未来を予測することも可能だ」という考え方に通ずる。

では、本当にそんなことができるのだろうか。

大君やラプラスの主張を見てみると、物質の力学状態と力を知り、かつそれを正確に解析できるだけの能力があることが大前提となる。

このセンセーショナルな仮説に対しては、当然のように反響があった。

ベルリン大学教授の生理学者エミール・デュ・ボア＝レーモンは19世紀末に、「ある種の科学上の問題について、人間の考えうる認識の最高段階に達していると思える知性によってでも理解できないことならば、人間はその答えを永遠に知りえないだろう」といった旨のコメントを残した。

ラプラス自身は「知性」と述べていたが、レーモンはこの発言の中で「ラプラスの霊」と呼んだ。それが広まるにつれて、いつの間にか「ラプラスの悪魔」と呼ばれるようになったという。

では現在はどうか。ニュートン力学における矛盾を、量子力学によって解明できるようになってきてから完全に風向きが変わってしまった。

量子力学の世界では、原子の位置と運動量の両方を同時に知ることは原理的に不可能であるとされている（不確定性原理）。つまり、ラプラスの悪魔は大前提の部分から否定されてしまった格好となったのだ。

ただし、ラプラスの主張も一理あると言える。

いわゆるピタゴラ装置が正にそれに該当する。物体の質量や速度をあらかじめ見積もることにより、どのような設計にすればよいかが分かる。ピタゴラ装置は、ニュートン力学の結晶と言ってしまっても大袈裟ではないだろう。

しかしラプラスは、一体何を主張したかったのだろうか。

「現在の状態を完全に指定すればそれ以後の状態はすべて一義的に決まる」という因果律に基づき、自身が惚れ込んだニュートン力学の可能性の魅力を世に知らしめたかった。こういう見方もできる。

これに対し、「未来を予測できるなんて」と大いに喜ぶ者もあれば、否定的な見方をする者もあった。果ては「自然科学の可能性と限界」について、レーモンをはじめとする数々の有識者によって議論が交わされてきた。

量子力学の登場まで、このラプラスの仮説に対し、人々が様々な感情を抱いてきたことが容易に想像される。だが、ラプラスの悪魔が完全に過去のものになったかというと、そうではないのではないだろうか。

昨今、世の中は第三次ＡＩブームと言われており、「ＡＩが人間に置き換わることは可能か」などといった論争もしばしば見受けられる。

ラプラスの主張とはかなり事例は異なるが、計算科学が持つ可能性と限界を議論する様は、まさにラプラスの悪魔と性質が似ているのではないだろうか。悪魔はそう簡単に消滅しないのかもしれない。

18 モンティ・ホール問題

直感が大きく外れる不思議

人気テレビ番組「Let's make a deal」の中で、こんな駆け引きゲームが行われていた。

挑戦者の前には、A、B、Cの3つのドアがある。3つの内1つのドアの奥には豪華景品が隠されている。もう2つはハズレで、その証としてヤギが待っている。司会者は、どのドアが正解なのかを知っている。

挑戦者はAのドアを選んだ。ここで司会者は、駆け引きを持ちかけた。

残る2つのドアの中からBのみ開け、ヤギがいることを皆に知らしめた。そして、「今ならCのドアに変えてもいいですよ」と挑戦者に伝えたのだ。

正解はAかCのどちらか。確率は二分の一だ。こう考えた人は多いのではないだろうか。

マリリン・ボス・サヴァントという女性が、自身が連載するコラム「マリリンにおまかせ」の中で、「Cが正解である確率は三分の二で、Aが正解である確率の2倍なので、答えをCに変更すべき」と述べたのだ。

これに対し、「その考え方は間違っている」といった旨の投書が多数寄せられた。中には数学者からの投書も多数あったという。

では、本当の答えは一体どちらなのだろうか。

「今ならCのドアに変えてもいいですよ」

解説

この話は、アメリカで実際に起きたことだ。当番組の司会者であったモンティ・ホールにちなんで、「モンティ・ホール問題」や「モンティ・ホールジレンマ」という名前で広く知られている。

あなたはAとC、どちらのドアを選んだだろうか。

では、しらみつぶしに全パターンを書き出してみよう。

まずは挑戦者が回答を変更しない場合について。

① 挑戦者がAを選択した場合

a．司会者はBかCを開けるが、Aが正解→豪華景品獲得

b．司会者はCを開けるが、Bが正解→ヤギ

c．司会者はBを開けるが、Cが正解→ヤギ

②挑戦者がBを選択した場合

a．司会者はCを開けるが、Aが正解→ヤギ

b．司会者はAかCを開けるが、Bが正解→豪華景品獲得

c．司会者はAを開けるが、Cが正解→ヤギ

③挑戦者がCを選択した場合

a．司会者はBを開けるが、Aが正解→ヤギ

b．司会者はAを開けるが、Bが正解→ヤギ

c．司会者はAかBを開けるが、Cが正解→豪華景品獲得

9通りのうち3通りが豪華景品獲得、つまり、確率でいえば、3分の1の確率で成功するわけだ。

次に、挑戦者が回答を変更する場合を書き出してみよう。

④　挑戦者がAを選択した場合
a・司会者はBかCを開け、残るBかCに変更するがAが正解→ヤギ
b・司会者はCを開け、残るBに変更し、Bが正解→豪華景品獲得
c・司会者はBを開け、残るCに変更し、Cが正解→豪華景品獲得

⑤　挑戦者がBを選択した場合
a・司会者はCを開け、残るAに変更し、Aが正解→豪華景品獲得
b・司会者はAかCを開け、残るAかCに変更するがBが正解→ヤギ
c・司会者はAを開け、残るCに変更し、Cが正解→豪華景品獲得

⑥　挑戦者がCを選択した場合
a・司会者はBを開け、残るAに変更し、Aが正解→豪華景品獲得

b．司会者はAを開け、残るBに変更し、Bが正解→豪華景品獲得
c．司会者はAかBを開け、残るAかBに変更するが、Cが正解→ヤギ

9通りのうち、6通りで豪華景品獲得となる。

もうお分かりだろう。

豪華景品獲得の確率は、最初に選んだ選択のままでいると三分の一、途中で選択を変えると三分の二になるのだ。

数学者ですら間違いだと思ったサヴァントの主張が正解だったという訳だ。


では、なぜこのようなことになるのだろうか。落ち着いて考えてみれば答えは分かる。

例えば、①の例を見てみよう。

a、b、cは、ドアA～Cが正解である場合を表しており、それぞれ確率に差はないので三分の一になる。そして、aだけを見てみると、ドアBまたはCを開ける場合に分けられる。この確率もまた等しいので二分の一になる。

したがって、トータルで見ると、aでドアBを開ける確率とドアCを開ける確率はそれぞれ1／3×1／2で1／6となるのだ。

整理すると、最初にAのドアを選択し、そのまま回答を変えなければ正解確率は三分の一。

一方、Aのドアを選択し、回答をCに変えれば正解確率は三分の二。最初から確率は決まってしまっていたのだ。

何だか狐につままれた感じがするかもしれないが、実際コンピューターで実証したデータもこの通りであったという。

当然ながら、ドアの個数が3つ以上であればいくつになっても結果に変わりはない。

実際の番組では、最初に選んだドアを最後まで変えないという挑戦者が多かったという。「確率は二分の一だから変える理由がない」「司会者に誘導されて不正解だったら悔やみきれない」など、理由は様々だ。

だが、人間の直感・心理とは裏腹に、途中で選択を変える方が正解する確率は高い。しかもそれが最初から決まってしまっているのだ。

今人生の岐路に立たされている。どちらを選ぶかは、確率二分の一だ。などと息巻いていても、意外とその確率は違っているかもしれない。ただ、外れてしまえば確率など、もはやどうでもよくなってしまうかもしれないが。

19 無限の猿定理

猿が文豪になれる確率とは？

ここに一匹の猿がいる。

この猿はごくごく普通の、動物園にいる猿だ。特別な訓練などは受けていない。

ある日、数学者がやってきて、猿の前にタイプライターを置いた。

はじめは警戒していた猿だったが、そのうちキーを打ち始めた。数学者は、その姿を見てニンマリとしてこう言った。

「猿でも、延々とキーを打ち続ければ、ほぼ確実にシェイクスピアの作品を含む文字列を打ち出すことができるのです」

果たして、この数学者の言っていることは本当なのだろうか？

本当だとして、その確率はいかほどなのだろうか。

延々とキーを打ち続ければ、ほぼ確実にシェイクスピアの作品を含む文字列を打ち出すことができるという……。

解説

猿がシェイクスピアの作品を理解してタイプライターを叩くようになるという訳ではない。

つまり、適当に打ち続ければいずれはシェイクスピアの文字列が出来上がるであろうという話だ。

もっとも、本当に猿にタイプライターを打たせた場合、同じキーを連打したり、途中でやめてしまったりすることも大いにあり得る。毎回タイプする文字をランダムに選択することができればいいのだ。

英語のアルファベットはA~Zまで全26種類ある。大文字、小文字の区別やカンマ、ピリオドなどを含めずに考えると、毎回入力される文字は1/26の確率で選択される。

例えば、「MONKEY」という文字の場合、文字数は「6」であるため、その確率は（1／26）の6乗＝1／308915776となる。つまり、計算上は308915776回入力をすれば実現できる見込みだということになる。

仮に猿が1日あたり10000回タイプすると想定した場合、約30892日要するという計算になるのだ。猿が10匹いた場合、その期間は1／10の約3089日となる。


確かに、十分に長い時間をかけさえすれば実現できるという計算になる。これを実際に確かめた人物がいる。アメリカのダン・オリバーだ。

彼が実行した「仮想猿」のコンピュータープログラムの一群が、4216250000000000000兆年の間稼働したとき、ある「一匹」の猿が「ヴェローナの二紳士」と打ち出したとのこと。途方もない数値ではあるが、時間をかけさえすればできるということを実際に証明してみせたのだ。


そもそも確率とは何か、考えてみよう。

簡単な例を次に挙げる。

コインを投げ、表と裏が出る確率は、それぞれ1／2。だが、これは2回投げれば必ず表と裏が1回ずつ出るということを表している訳では当然ない。

3回投げても、5回投げても、10回投げても表しか出ない可能性だってあるのだ。試行回数が十分に増えれば収束に向かうはずなのだが。

ちなみに、コインを10回投げて表しか出ない確率は（1／2）の10乗≒0・001、つまり0・1％だ。限りなく実現困難な数値ではあるが、可能性はゼロではない。

これらを読んで、何のことやらと思われるかもしれない。だが、コンピューターの進化や発展を考えた時、それがとんでもない危険性をはらんでいることも推測される。

現在、ネット上の情報のやり取りなどで使われている暗号は、「公開鍵暗号」とよばれるもので、数学の素数の積と素因数分解を応用して開発されたものだ。信頼性が高いとはいえ、計算速度の速いハイスペックなコンピューターが複数台稼働して暗号を解きにいった場合はどうなるだろうか。暗号が破られる可能性はゼロではないのだ。

だが、実際にその解を求めるための期待年数は、たとえそうした場合でも数十年、数百年かかるといわれている。1つの暗号を破るのにそこまでの時間をかける人はまずいないだろう。ただし、その可能性も、ゼロではない。

ちなみに、この話にはまだ続きがある。イングランドのペイントン動物園にある6匹のクロザルの檻の中に、コンピューターのキーボードを一月の間放置した。「無限の猿定理」を実際に猿で再現しようとしたのだ。

結果はというと、猿たちは何も生み出すことはなかった。

それどころか、5ページものほとんどがSの字で埋め尽くされる、雄のボスザルによってキーボードが石で叩き割られる、キーボードの上で排尿や排便を繰り返されるなど、惨憺たる状況だったようだ。

調査員の一人は、「猿は乱数を生成する機器ではありません。それよりももっと複雑精妙なものなのです」と締め括った。

20 誕生日のパラドックス

思っていたより高確率

リサには片思いの相手がいる。幼なじみでクラスメイトのジュンだ。隣同士の家で育ち、いつも一緒にいた2人。思春期を迎えて話す機会が減ったが、それでも、幼い頃から一緒に育ってきたという事実が、リサには心強かった。

「もうすぐ誕生日だね。一緒にお祝いしない？」

ある日、思い切って声をかけたリサ。すると、ジュンはこう言った。

「実は、付き合い始めたばかりのユキと祝うんだ。ユキも同じ誕生日なんだよ」

クラスメイトのユキに先を越されるなんて。それに、たった30人しかいないクラスで、同じ誕生日が2人もいるなんて。きっと、ジュンとユキは運命なのかもしれない、とリサはうなだれた。

解説

365通りもある誕生日。同じ日に生まれた人物が同じグループの中にいる確率は、相当低いのではないか。そう考えるのが自然だろう。

では、何人いれば、誕生日が同じペアが1組でもできる確率が50％となるだろうか。

求める確率は、（1組でも誕生日が一致している組み合わせ数）÷（50人の誕生日全ての組み合わせ数）である。だが、計算が複雑になるため、1から「1組も誕生日が一致していない確率」を引いて求めることにする。

まず、1人目の誕生日は何日でも構わないので、365通りの組み合わせが考えられる。2人目はそこから1を引いた364通り。3人目はさらにそこから1を引いた363通りが考えられる。

こうして、365×（365−1）×（365−2）×…（365−49）を計算するこ

とにより、組み合わせ数が求められる。これを50人の誕生日の総組み合わせ数で割って得られた確率は、約0・03となる。つまり、「1組でも誕生日が一致している確率」は1－0・03＝0・97となる。

50人もいれば、「1組でも誕生日が一致している確率」は97％にものぼるということだ。もう少し少ない人数でも良さそうだ。

同様に計算していくと、30人の場合、「1組でも誕生日が一致している確率」は約70％。この人数でもまだ50％より多い。結果として、23人いれば確率50％となることが分かっている。

23人ですら50％もの確率があるので、もっと少ない人数でも誕生日がかぶることがあるかもしれない。

驚いただろうか。もう少し多い人数を予想していたという人も少なくないだろう。このように、直感と実際の確率が乖離しているケースは、意外とあるものなのだ。

もっと少ない人数でも誕生日がかぶることがあるかもしれない……。

次の例を見てみよう。

誰もが聞いておののく13日の金曜日。「気づけば明日は……」なんてこともあるだろう。だがしかし、13日の金曜日は一体どれくらいの頻度で訪れるものなのだろうか。

この問題を考えるにあたり、1年の中でどの曜日が何回訪れるかを考えてみればよいだろう。簡便にするため、その年の1月13日を月曜日として考える。

各月の13日を集計をしてみると、月曜日：2回、火曜日：1回、水曜日：1回、木曜日：3回、金曜日：1回、土曜日：2回、日曜日：2回となる。つまり、どの曜日も毎年最低1回、最高で3回訪れるということが分かる。

同様に、うるう年の場合も集計すると、月曜日：3回、火曜日：1回、水曜日：1回、木曜日：2回、金曜日：2回、土曜日：1回、日曜日：2回となる。やはりうるう年であっても、同じ日の同じ曜日が毎年最低1回、最高で3回訪れるのだ。

整理すると、13日の金曜日は毎年いずれかの月にやってくるということが分かる。これも、「思ったより多い」と感じた人もいたはずだ。

数学には直感も必要だが、時には直感が正しい理解を狂わせてしまうこともあるのだ。

13 日の金曜日は、最高で 1 年に 3 回訪れる……。

21 1÷3の謎

割り切れない不思議

トシキは中学2年生。三角形の公式に魅せられて以来、すっかり数学の虜となっていた。

ある時、何の気なしに問いていた問題に疑問を感じ始めた。それを友人であるナギサに打ち明けたのだった。

「ナギサ、1÷3は？」

「ん？ 何？ 馬鹿にしてる？ ちょっと数学ができるからって」

「いや、いいから答えてみて」

「1／3でしょ？」

「だよね？ それに3をかけたら？」

「やっぱり馬鹿にしているでしょ？　1に決まってるじゃない」

「じゃあ、1÷3を小数で答えてみて」

「ええと、0・3333…」

「じゃあ、それに3をかけたら？」

「0・9999…」

「それっておかしくない？」

「？？？」

解説

お分かりだろうか。書き出してみよう。

（分数の場合）

1÷3＝1／3

1／3×3＝1

（小数の場合）

1÷3＝0・3333…

0・3333…×3＝0・9999…

分数の場合も小数の場合も、1を3で割ってまた3をかけているだけ。同じ計算をしているのに、分数では1、小数では0・9999…となってしまっている。つまり、

1＝0・9999…？

という疑問が生じる。

ところで、0・3333…のように小数点以下が同じパターンで繰り返される数は有理数に含まれる。有理数であれば、小数から分数に変換することが可能であることが知られている。

0・3333…＝Xとおくと、

X＝0・3333…

10X＝3・333…

（10－1）X＝9X＝3・3333…－0・3333…＝3

つまりX＝3／9＝1／3となる。

何だかすっきりと求められたのだが、やはり0・3333…＝1／3であることが証明されただけであり、1＝0・9999…の謎は解けぬままだ。

では、また少し考え方を変えてみよう。

1－0・9999…＝0・0000…

右辺の「…」の先には1が入るのだろうか。入るとすれば無限の先だ。

もうこうなると、

1＝0・9999…

0＝0・0000…

と考えざるを得ないような気がしてくる。実際、数学者もこの問題には言及しており、1＝0・999…と考えるのが自然とのことだ。

考えてもみてほしい。ずっと無限まで9が続くのであれば、それはもうほぼ1ではないだろうか。

だが、注意しなくてはいけないのは、0・9999…と0・9999…9は異なるということだ。前者は無限に9が続くが、後者はどんなに9が続いても終わりがあるので有限なのである。先ほど例に示した小数を分数に直す計算をしてみればすぐに分かる。

まだ納得していない人もいるかもしれない。ならば次の問題を考えてみてほしい。

ある高さからボールを落とす。ボールは落とした高さの1／2だけ跳ねるとする。このボールはいつまでも跳ね続けるということになるだろうか。ただし、重力や摩擦係数などは無視して考えることとする。

初めの高さを1とすると、ボールの高さは1×1／2×1／2×1／2×1／2…となる。では、ボールはずっと跳ね続けるかというと、そうではない。つまり、

1×1／2×1／2×1／2×1／2…＝0

だということになる。こちらの方が直感的に受け入れやすいのではないだろうか。

算数や数学の世界は自然発生した訳ではない。1や0・9999…はあくまで人間が考え出した概念であるということだ。

トシキの着眼点には目を見張るものがある。だが、無限を有限で考えようとするのには限界があるのである。

22 ヘンペルのカラス

すべてのカラスが黒いことを確かめる方法

夏休みが明けてからというもの、ユミの様子がおかしい。

常に俯き、何やらメモを取っているようだ。

意を決し、僕は「何をしているの？」とユミに尋ねた。ユミから返ってきた答えは全く想像も及ばないような、それは奇妙なものだった。

「カラスを調べずに、カラスが黒いことを証明できるかを考えていた」

という。何のことやらさっぱり分からなかったのだが、どうやら帰納法的な考えについて疑問を感じていたようだ。


論法はこうだ。

カラスは黒い↓カラスならば黒い↓黒くなければカラスではない

黒くなければカラスではない……。

ということは、全ての黒くないものを探し、その中にカラスがいなければ全てのカラスが黒いということを証明できるのだ。

確かにそうだ。

そうではあるが、世の中の「黒くないもの全て」を探すのは途方もない作業だ。

ユミは一体何を考えているのだろうか。

解説

ユミの考え方を整理してみよう。

カラスならば黒い↓黒くなければカラスではない

このように「AならばB」に対して、「BでないならばAではない」という論法を対偶論法という。例えば、「xを2で割って割り切れなければ奇数」と「xが奇数でないならば2で割って割り切れる」は論理的に同値であるとみなすことができる。

今ここで挙げた奇数の例と、ユミが述べたカラスの例。同じ対偶論法であるのだが、どこか違和感を感じてしまう。

何故か。それは、カラスのことを理解するのに「一羽のカラスも観測することなく」全てのカラスが黒いということを確かめられてしまうからではないだろうか。また、「世の中の全ての黒くないもの」を見て判断しなければならないという考え方が、あまりにも非効率的だからではないだろうか。

これらは、人間の直感的なイメージとはかけ離れているようにも思える。

例えば、大野昭雄という男性がクラスの中にいたとする。この男性が「身長170センチメートル以上」であることを確かめるために対偶論法を用いると、

大野昭雄は身長170センチメートル以上↓身長170センチメートル以上でなければ大野昭雄ではない

という考え方となる。

身長170㎝未満の人間一人一人を調べ、その中に大野昭雄がいなければこの事実が証明されたことになる。

彼のクラスが50人編成であるならば、まだイメージはしやすい。だが、彼の住む町の人口1万人の中から見つけ出すのだとすれば。はたまた日本人全員の中からこの条件で探すのだとすれば。

論法としては決して間違ってはいないものの、探し出す集団の母数が大きくなれば大きくなるほど、現実味が感じられなくなっていく。対偶論法を用いる際は、対象となる集団の数が常識の範囲内である時のみ、はじめて説得力のあるものになるといえよう。

この問題を最初に提起したのは、ドイツ生まれの科学哲学者であるカール・ヘンペルである。

ヘンペルは帰納的統計モデルを研究していたが、その中でここに挙げたカラスの例のように、人間の直感とは反する事例を思いつき、提唱したのだ。

さて、ユミの話にはまだ続きがあった。

「たしかに、全ての黒くないものを調べて、その中にカラスがいなければ、カラスは黒いと言えるということは分かった」

と切り出したユミだが、表情は冴えない。

「でも、まだどうにもすっきりしないの」

と俯いてしまった。聞くと、「全ての黒くないもの」の中には、黄色いバナナや赤いりんごなどが含まれる。だが、仮に命題が「全ての白くないもの」だとしたら。バナナやリンゴはそれらの要素も同時に満たしてしまっている。


つまり、「全ての黒くないもの」と「全ての白くないもの」という、相反する両条件に合致してしまっているということになる。この論法で言えば、バナナやリンゴは

白ければカラス→白くなければカラスではない

という証明にも当てはまってしまうということになる。同様に、「全ての白馬は黒い」「全ての青汁は白い」といった仮説の合致例にもなり得てしまう。

これは「確証のパラドックス」と呼ばれている。

ユミが支離滅裂なことを言っているように感じられたかもしれないが、帰納的論法における矛盾を的確に示したとみることができる。

23

思考実験の古典

ガリレオの船

高台に登り、手に持ったボールを離す。
ボールは垂直に落ちる。

今度は船に乗り、沖へと向かう。
その船のマストの先からボールを落とす。
ボールは垂直に落ちる。

当たり前のことだと思えるかもしれない。
だが、この現象を巡って今から４００年近く前に大変な論争が巻き起こったことを、
皆さんは知っているだろうか。

その船のマストの先からボールを落とす。ボールは垂直に落ちる。

解説

これは「ガリレオの船」として広く知られている。

ガリレオ・ガリレイと言えば「それでも地球は回っている」というフレーズがあまりにも有名だ。


話を戻そう。まず、最初の高台のお話から。

高台の上からボールを手放せば、ボールは自由落下する。この現象から、アリストテレスの影響を受けた人々は皆「天道説」を考えた。つまり、地球は常に止まっており、ボールが垂直に落ちるのはあまりにも当たり前のことだと考えたのだ。

一方、船の例だが、この船は動いている。それにも関わらず、マストの先から落としたボールは「あたかも垂直に」落ちたように見える。

この船が止まっていても同様の落下地点となるはずだ。これを見て、ガリレオは、「先の高台の例では地球が止まっているということの証明にはならない」と考えたのだ。

もっとも、この実験はガリレオが実際に行った訳ではないとされている。いわば思考実験だったとする説が有力だ。


ガリレオはこの時、慣性力の基礎的な部分を見出していた。ボールを水平な台に置き、転がす。摩擦力などの影響を除けば、このボールは外力を受けないため、等速で動き続けるはずだと考えたのだ。

この考えがあったからこそ、先の思考実験には絶対の自信を持っていたのだろう。

後に、アイザック・ニュートンによりこの慣性力は体系化され、「運動の第一法則」として知られるようになった。


アイザック・ニュートンといえば、「木からリンゴが落ちる」話が有名だ。

これも真偽は定かではないものの、ニュートンが万有引力に気付くきっかけになったとされている。

ここで間違えてはいけないのが、「ニュートンが重力を発見した」ということではないということだ。ニュートンの時代にはすでに地上での物体に対して、地球に引き寄せる外力が働いていることは理解されていた。

あくまでニュートンは、「リンゴは木から落ちるのに、なぜ月や惑星は地球に落ちてこないのか」と着想した（とされる）のだ。

万有引力の法則とは、「宇宙において、全ての物体は互いに引力や重力を及ぼし合っている」という法則だ。月が地球に落ちてこないのは、月が地球を回る遠心力と引力とがつり合っているからであるということを意味している。

これらの逸話は、独り言や言い伝えが一人歩きして広まったとされている。

本人が言ったかはともかく、有名な逸話というのはいつの世も尾ひれ背ひれを付けて広まっていくものなのかもしれない。

「リンゴは木から落ちるのに、なぜ月や惑星は地球に落ちてこないのか」

24 ゼノンのパラドックス

一瞬一瞬では静止している

カンジは野球部。我が校きってのエースだ。

だが、ここのところ成績が芳しくない。何か思い悩んでいるようだ。聞くと、「監督から、お前の球は生きていない」と言われたのだとのこと。悩むカンジに、ハイスピードカメラで投げた球を見てみることを僕は提案した。昨年柔道部が購入していたことを、僕は知っていた。

カンジには全力投球してもらった。悩みを抱えたままの投球であったのか、球威はなく、確かに「生きた球」とは思えなかった。

その後視聴覚室へと出向き、先ほど収めた動画を一緒に眺めた。すると、どことなく軌道が山なりであることに気づいた。

今度は、センターを守るヒデキに投げてもらい、同じようにハイスピードカメラで撮影した。すると、カンジの投球に比べ、軌道がより直線的であるということが分かった。球に伸びがあるのだ。

そこで僕らはカンジに、遠投の練習を勧めた。良い気分転換になったのか、カンジの投球には球威が戻ったように感じられた。

再びハイスピードカメラで撮影してみた。やはり、映像で見てもカンジの球が山なりから直線的に変化していることが分かる。

これで秋の大会は大丈夫だ。そう安堵する部員をよそに、一人浮かない表情のカンジ。

「こうやって一瞬一瞬を切り取るとボールって静止しているのに、何でボールって飛ぶのかな」とカンジは呟いた。

僕らは空いた口が塞がらなかったが、カンジの問いに対し、うまく説明することができないのも事実。

ハイスピードカメラを借りてきたことを酷く後悔した。

解説

この話は、「アキレスとカメ」でも出てきた哲学者ゼノンによる「飛ぶ矢のパラドックス」を元にしたものだ。

ゼノンは矢が飛んでいく様を見て、「飛ぶ矢は、一瞬一瞬では静止している。静止している矢をいくら集めても、矢は飛ばない」と言ったそうだ。つまり、矢が飛ぶという運動自体を否定してしまったという訳だ。

カンジの投げた球にせよ、弓で射た矢にせよ、飛んでいくのは自明である。では、このパラドックスはどのように説明すればよいだろうか。

少し観点を変えて、こんな例を挙げてみたい。

ヒロシは悩んでいた。修学旅行に行ってからというもの、決まって休み時間に絵を描いている。

だがそれは、スケッチなどではなく、何かの模式図のようである。

担任の先生は、そんなヒロシに声をかけてみた。すると彼は、忍者を超えたいのだという。

「どうしても水の上を走りたいんだ」

修学旅行で行った先は滋賀県。そこで訪れた忍者屋敷ですっかり忍者に魅せられたという。確かに忍者も水上歩行をする。だが、それは水蜘蛛や水掻きと呼ばれる道具を使ってのこと。

ヒロシは、一切の道具を使わずに水上を走るがために、ああでもないこうでもないと頭を悩ませていたのだ。

一月ほど経った頃、ヒロシはついに結論を見出した。

それはいたってシンプルな発想だった。

「右足を出し、右足が沈む前に左足を出し、左足が沈む前にまた右足を出せばいい」

この結論を見出すのに、休み時間に描いていた模式図が活かされていたかどうかはもはや不明だが、やると言い出したら聞かないヒロシのころ。さっそく校内のプールへと出向き、実践をすることに。

軽いアップを済ませ、さっそくプールに右足を出したヒロシ。次に左足を、出したかどうか分からぬ体勢のまま、あえなく水の中へ消えていった。言うまでもなく何回トライしても結果は同じなのだが、ヒロシはそれを50回ほど繰り返した。

通常ここまですれば諦めるものだが、ヒロシは違った。我々にカメラを要求してきた。どうやら、静止画を1コマ1コマ集めて動画のようにする気のようだ。

1コマ撮っては水没しを繰り返した。「水上を走っているのに濡れていてはおかしい」と、1コマ撮るごとに身体中の水分を乾かす時間が何より辛かった。

こうして無事撮影を終え、編集した動画を見ると、確かに水上を走っているように見えた。満足げなヒロシ。だが、これでよかったのだろうか。

次の年の修学旅行から、行先が滋賀県から変更になったのは言うまでもない。

カンジの例とは逆の視点から見た例だ。つまり静止した状態を集めてあたかも動画風にはできるものの、実際に連続動作をした訳ではない。

決定的に異なるのは、運動している物体が運動エネルギーを有するかどうかということだ。カンジが投げたボールを受けとる時、手には衝撃を受ける。一方、ヒロシの場合はというと、言うまでもないだろう。

運動する物体を瞬間的に捉えた場合は静止画の集合に見える。だが、静止画を集めたところで運動しているということにはならないのだ。

おわりに

様々な思考実験を紹介してきた。

思考実験について議論をしてきた人たちは、物理学者、数学者、哲学者など、様々な肩書きを持った人たちだ。だが、こと問題に目を移すと、どのカテゴリーに分けていいものなのか頭を悩ます。

物理の問題なのだが、そこには数学的思考が盛り込まれ、果ては哲学や倫理学の議論まで考慮しなくてはならないなどといったケースもあった。

頭の中で考えているからこそ可能性が広がり、カテゴリーという垣根を飛び越えたのではないかと思う。そして、そこに人々は期待や絶望を味わってきたのだろう。

物理の歴史に目を向けると、アリストテレス派が信じてきた考えが破綻を来たし、やがてガリレオやニュートンによって様々なことが解明されてきた。

だが現在では、ニュートンの力学が古典力学と呼ばれている。アインシュタインやシュレディンガーの登場により、ニュートン力学では説明しきれない現象も明らかとなってきたからだ。

そして「シュレディンガーの猫」のように、いまだ論争に決着がついていない問題もある。

思考実験によって様々な問題が解明され、そしてまたあらたな疑問を生み出す。それを繰り返してきたからこそ今があるのだ。

いささか小難しい話をしてしまったが、「張り紙禁止の張り紙」のように、日常生活を送る上でも直面するようなパラドックスも多々ある。

「困ったら何でも聞いてくれ」と優しい顔をする会社の先輩。右も左も分からぬ新入社員にとっては困りごとだらけである。

お言葉に甘えて質問に行くと「少しは自分で考えろ」と怒鳴られる。「ブラック企業のパラドックス」と呼べるだろう。

筋肉質な男が好きだと彼女は言った。彼は彼女の好感度を上げるべく、筋トレに精を出した。遊ぶ時間をも惜しんで。

理想のボディが仕上がった頃には、「ちっとも遊んでくれない」と彼女に振られてしまった。さしずめ「筋トレのパラドックス」といったところか。

ちょっと目を向ければ、そこにはパラドックスがひそんでいる。そしてそれを追究するたび思考実験は生まれていく。

屁理屈、偏屈、大いに結構。それが思考実験の世界だ。

本書を読み、「なるほどな」と思うと同時に「それならばこんなのはどうか」と新たな思考実験を生み出し、大いに悩み苦しんでもらえたら幸いである。

イースト新書Q

Q067

よくわかる思考実験《しこうじっけん》
髙坂庵行《こうさかあんぎょう》

2020年9月20日　初版第1刷発行
2021年3月30日　　　第5刷発行

企画・編集　黒田千穂
DTP　臼田彩穂
発行人　北畠夏影
発行所　株式会社イースト・プレス
東京都千代田区神田神保町2-4-7
久月神田ビル　〒101-0051
tel.03-5213-4700　fax.03-5213-4701
https://www.eastpress.co.jp/
ブックデザイン　福田和雄（FUKUDA DESIGN）
印刷所　中央精版印刷株式会社

ISBN978-4-7816-8067-5

イースト新書Q

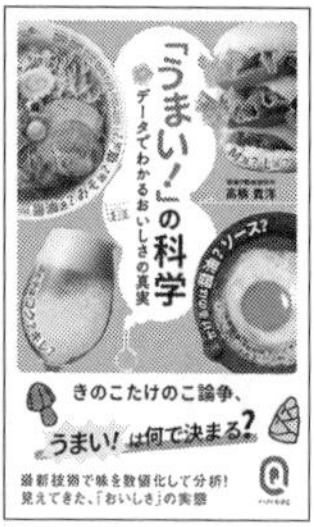

「うまい！」の科学　データでわかるおいしさの真実　髙橋貴洋

卵かけご飯のおいしい食べ方は？　ビールは苦みとキレ、どっちを重視する？　牛丼チェーンで一番おいしいのは？　プリンはやわらかめ派、硬め派？　食に関する論争は、「味」や「おいしさ」を主観や好みで語るので、決着がつかない。しかし、最新技術で味は数値化できる！　「うまい！」の真実が少しずつ見えてきた——。商品改良や味覚のデータ化を手掛ける味のスペシャリスト「味香り戦略研究所」の髙橋貴洋が、おいしさとは何なのか、徹底解説。

信長と本能寺の変　謎99　かみゆ歴史編集部

日本史上最も有名な謀反の「本能寺の変」は、いまだに謎が多く、正確に解き明かされていない。「織田信長はどんな人物だったのか」「明智光秀とはいったい何者なのか」「なぜ本能寺の変は起きたのか」「天下統一を目指した信長がなぜ狙われたのか」「本能寺の変に黒幕はいたのか」といった疑問から、本能寺の変に至るまでの、人物の行動や勢力がどのように関係していたかを99のＱ＆Ａでひもとく。陰謀論や真犯人説が絶えない最大の歴史ミステリーに迫る！

宇宙開発の未来年表　寺門和夫

多数の民間企業が参入したことで、世界の宇宙開発が驚くほどのスピードで進んでいる。早くも商業打ち上げによる宇宙観光旅行がスタートし、宇宙ホテルも現実のものになる。また２０２４年の有人月面着陸を目指して、月の周回軌道上のステーション「ゲートウエイ」の建設や火星への有人着陸計画も動き出している。同じく月面着陸を目指す中国をはじめ、世界各国が宇宙のあらゆる可能性を探っている。怒涛の宇宙開発新時代の幕明けを、わかりやすく解説。